教学学术的提升：理论、模型与路径

陶 钧 著

哈爾濱工業大學出版社

图书在版编目(CIP)数据

教学学术的提升:理论、模型与路径/陶钧著.
哈尔滨:哈尔滨工业大学出版社,2024.8.--ISBN
978-7-5767-1363-3

Ⅰ.G420

中国国家版本馆 CIP 数据核字第 2024ET1958 号

教学学术的提升:理论、模型与路径

JIAOXUE XUESHU DE TISHENG:LILUN、MOXING YU LUJING

策划编辑　李艳文　范业婷
责任编辑　马　媛
出版发行　哈尔滨工业大学出版社
社　　址　哈尔滨市南岗区复华四道街 10 号　邮编 150006
传　　真　0451-86414749
网　　址　http://hitpress.hit.edu.cn
印　　刷　哈尔滨市颉升高印刷有限公司
开　　本　787 mm×1 092 mm　1/16　印张 8.75　字数 160 千字
版　　次　2024 年 8 月第 1 版　2024 年 8 月第 1 次印刷
书　　号　ISBN 978-7-5767-1363-3
定　　价　78.00 元

前　言

本书是一本关于教学学术研究的著作，涉及教学学术的概念、历史、理论、模型、路径、评估等多个方面的内容。

撰写本书的动机是我对教学学术的兴趣和热情，我认为教学学术是教师教学能力的核心，也是教师专业发展的关键。我希望通过本书为教师提供全面的、科学的、实用的教学学术理论和方法，帮助他们提升教学学术水平，提高教学质量和效果，促进教学创新和改革，实现教师的个人成长和职业满足。

本书的目标读者群体是所有对教学学术感兴趣或需要提升教学学术水平的教师，无论什么学科、什么层次、什么类型的教师，都可以从这本书中找到适合自己的教学学术理论和方法。我希望读者能够有所收获，这些收获包括但不限于了解教学学术的概念、理论视角和理论的优势、局限、发展展望；掌握教学学术的个体结构、特征；理解影响教师教学学术提升的五要素模型的构成、特点、功能和意义；分析自己的教学学术水平和影响因素，找出自己的优势和不足；选择适合自己的教学学术提升的路径和方法，制订适合自己的教学学术提升方案或计划；应用教学学术提升路径的效果评估机制，监测自己的教学学术提升效果；参与教学学术研究和交流，与其他教师分享自己的教学学术经验和成果。

本书的写作过程是一个探索和实践的过程，我从相关的文献和研究中汲取了许多知识和灵感，也从自己的教学实践中获得了许多经验和反思。在这一过程中，我遇到了许多困难和挑战，也收获了许多乐趣和成就。我非常感谢所有为本书做出贡献的个人或组织，特别是我的试读者、研究助手、同事、朋友和家人，他们给了我很多的支持和鼓励，也给了我很多的建议和意见。没有他们的帮助，这本书是无法完成的，我在此一并表示深深的感谢。

陶　钧

2024 年 3 月 10 日

目　　录

第1章　教学学术的缘起与发展

教学学术(scholarship of teaching)是教师在教学过程中,运用学术的原则和标准,对教学的实施过程和效果进行系统的研究、反思和改进,以提升教学质量和促进学生学习的一种活动。教学学术的概念由美国教育家欧内斯特·博耶(Ernest Boyer)首先提出,他认为教学学术是教师对教学实践的学术性研究,既要遵循学术的规范,又要有助于教学水平的提升。教学学术可以帮助教师提高教学能力和水平,促进和增强教师的专业发展和认同感,促进教师之间的交流和合作,提升教学的地位和价值,改善教学的质量和效果。教学学术通过对教学实践的反思和评估,发现教学中存在的问题和困难,寻找教学中的创新机会,分享教学中的经验和成果,从而实现教学的持续改进和优化。

1.1　教学学术的起源和发展

教学学术将教学和学习视为学术研究对象,旨在通过系统的、公开的、可批判的和同行评审的方式,探索、反思和改进教与学的过程和结果,以提高教学质量和促进学生学习。教学学术的理论和实践研究并不是一蹴而就的,而是有着悠久的历史渊源,经历了不同的发展阶段,受到了多种因素的影响,呈现出多样的特点,同时也不断面临着挑战和机遇。

1.1.1　教学学术的历史渊源

教学学术并非现代教育的新生事物,它源远流长,有着深厚的历史积淀。早在古希腊时期,就有柏拉图、亚里士多德等哲学大师,对教育的宗旨、内容、方法等进行了深刻的思辨和探索,为后世的教学理论和实践打下了坚实的基础。到了中世纪,欧洲兴起大学,教师在教堂、修道院或学院里教授经典的知识,同时也开展了一些关于教学的研究和讨论。进入近代,科学革命和工业革命带来了教育的变革,教师开始关注如何适应社会的变化,提高教学的效果和品质,培养学生的创造力和批判性思维。20世纪,教育研究作为一门独立的学科逐渐成熟,教育心理学、教育社会学、教育哲学等分支学科纷纷出现,教师开始运用各种理论和方法,对教学的各个层面进行全面的研究和评估。

虽然教学学术的历史渊源可以追溯到古代,但作为一个明确的概念,却是在20世纪末才被提出和推广的。教学学术的倡导者是美国著名教育家、卡内基教学促进基金会(the Carnegie Foundation for the Advancement of Teaching)的前主席博耶。博耶在1990年出版了一本具有里程碑意义的书《重新考虑学术:教授职业的优先事项》(*Scholarship Reconsidered: Priorities of the Professoriate*)。在这本书中,他对高等教育中的学术工作重新进行了界定和分类,提出了四种形式的学术,即发现型学术(scholarship of discovery)、整合型学术(scholarship of integration)、应用型学术(scholarship of application)和教学型学术(scholarship of teaching)。其中,教学型学术是指教师在教学中不仅传授知识,而且创造知识;不仅教授学生,而且与学生共同学习;不仅关注教学的过程,而且关注教学的结果;不仅遵循教学的标准,而且提升教学的水平;不仅实践教学的方法,而且探索教学的理论;不仅分享教学的经验,而且公开教学的研究。博耶的这一提法打破了传统的教学与研究的二元对立,强调教学与研究的互动和融合,赋予了教学以学术的价值和地位,为教师的教学实践提供了新的视角和动力。

博耶提出的教学型学术的概念引起了高等教育界的广泛关注和响应,很快就有学者对其加以发展和扩展。其中最具影响力的是李·舒尔曼(Lee Shulman)和卡内基教学促进基金会的一些合作者,他们在1998年提出了教学与学习型学术的概念,将教学型学术的范围从教师的教学行为扩展到了学生的学习效果,将教学型学术的对象从教师的个人经验扩展到了教学的公共领域,将教学型学术的目标从提高教学质量扩展到了促进学生学习。他们认为,教学与学习型学术是一种将教学和学习视为学术研究对象的做法,其目的是探索、反思和改进教与学的过程和结果,最终提高教师的教学质量并促进学生学习。他们还提出了教学与学习型学术的特征和标准。例如,教学与学习型学术应该基于问题,而不是基于方法;教学与学习型学术应该基于证据,而不是基于直觉;教学与学习型学术应该基于交流,而不是基于孤立;教学与学习型学术应该基于改进,而不是基于评判。舒尔曼等人提出的教学与学习型学术的概念,进一步强化了教学学术的学术性和公共性,为教师的教学研究提供了更加明确和具体的指导和支持。

教学学术的提出源于高等教育面临新的挑战和机遇。例如,教学与研究的失衡、教学评价和奖励的缺失、教学创新和改革的需求、教学的多样化和国际化趋势等。这些挑战和机遇促使教师重新思考教学的意义和价值,寻求教学的认可和尊重,探索教学的改善和提升,分享教学的经验和成果,参与教学的交流和合作，从而提高教学的学术水平和社会影响。

教学学术提出的动机是教师对教学的热情和责任，以及对学生学习的关注和期待。教师希望通过教学学术的实践，不仅提升自己的教学能力和水平，而且促进学生的学习效果改善；不仅满足自己的学术兴趣和追求，而且贡献自己的学术成果和价值；不仅实现自己的教学目标和理想，而且响应社会的教学需求和期待。

教学学术的提出和发展，体现了教学学术的创新性和前瞻性，为教师的教学实践提供了新的视角和动力。

1.1.2 教学学术的发展阶段

虽然教学学术作为明确的理论和实践方法只有三十多年的历史，但是它已经经历了不同的发展阶段，呈现出了多样的特点。教学学术的发展历程，可以分为三个阶段，分别是探索阶段、建设阶段和扩展阶段。

教学学术发展的第一个阶段是探索阶段，也是教学学术的起始阶段，大约从1990年到2000年。这一阶段的开始归功于博耶对高等教育中的学术工作进行了重新界定和分类。博耶提出的教学型学术的概念，引起了高等教育界的广泛关注和响应，很多教师开始尝试将教学学术的概念应用到教学实践中，探索教学学术的可能性和可行性，发现教学学术存在的问题和挑战，分享教学学术的经验和收获。这一阶段的研究主题主要集中在教师的教学行为和教学策略上。例如，教师如何设计和实施有效的教学活动，教师如何运用不同的教学方法和技术，教师如何评估和反馈教学效果等。这一阶段的研究方法主要是定性和描述性的，例如，教师的自我观察和自我反思，教师的教学日志和教学案例，教师的教学访谈和教学展示等。这一阶段的研究范围主要是个体和局部的，例如，教师个人的教学经验、教师的单门课程的教学实践，以及教师的特定学科的教学研究等。

探索阶段的教学学术有一些局限性，无论是在理论上还是在实践上都缺乏系统性和规范性，缺乏证据和论证，缺乏公开性和交流性等，但是也有一些优势。例如，教学学术增强了教师的教学自信和自主性，提高了教师的教学兴趣和热情，丰富了教师的教学知识和技能，促进了教师的教学创新和改进等。探索阶段的教学学术，为教学学术的发展奠定了基础，为教学学术的建设提供了动力。

教学学术发展的第二个阶段是建设阶段，也是教学学术的成长阶段，大约从2001年到2010年。这一阶段的主要贡献来源于舒尔曼。舒尔曼等人的教学与学习型学术的概念进一步强化了教学学术的学术性和公共性，为教师的教学研究提供了更加明确和具体的指导和支持。

建设阶段的教学学术面临一些挑战,例如,缺乏统一性和一致性,缺乏有效性和可靠性,缺乏普遍性和适用性等,但是也取得了一些成就。例如,形成了教学学术的理论和方法,建设了教学学术的社区和网络,建立了教学学术的标准和评价体系,评估了教学学术的影响和贡献等。建设阶段的教学学术,为教学学术的发展提供了支撑,为教学学术的扩展提供了条件。

教学学术发展的第三个阶段是扩展阶段,也是教学学术的最新阶段,大约从2011年至今。这一阶段的开始要归功于教学学术的不断创新和扩展,教师不断扩展教学学术的领域和范围,扩展教学学术的对象和参与者,扩展教学学术的形式和方式,扩展教学学术的目标和意义。这一阶段的研究主题主要涉及教学的多样化和国际化,例如,教师如何适应和应对不同的教学环境和教学文化,教师如何促进和支持不同的学习需求和学习风格,教师如何连接和跨越不同的学科领域和学术界限,教师如何参与和推动不同的教学合作和教学交流等。这一阶段的研究方法是多元和创新的,例如,教师的教学案例研究和教学行动研究,教师的教学设计研究和教学发展研究,教师的教学元研究和教学综述研究等。这一阶段的研究范围主要是跨界和全球的,例如,教师的跨学科教学和跨文化教学研究,教师的在线教学和混合教学研究,教师的国际教学和全球教学研究等。

扩展阶段的教学学术面临一些困难,例如,缺乏共识和协调,缺乏资源和支持,缺乏保障和保护等。但是,也面临一些机遇,例如,扩展了教学学术的领域和范围,扩展了教学学术的对象和参与者,扩展了教学学术的形式和方式,扩展了教学学术的目标和意义等。扩展阶段的教学学术,为教学学术的发展提供了机会,为教学学术的未来提供了可能。

总之,教学学术的发展可以分为三个阶段,分别是探索阶段、建设阶段和扩展阶段。这三个阶段各有其独特的研究主题、研究方法、研究范围等,反映了教学学术的多样性和深入性。教学学术的发展,体现了教师的教学研究的不断进步和创新,为教师的教学实践提供了更加丰富和有效的理论和方法。

1.2 教学学术的理论视角

教学学术不是凭空产生的,而是顺应时代的发展,顺应教育教学形势的发展,以相应的理论和框架为基础发展而来的。这些理论和框架为教学学术的实践和发展提供了支撑和指导,帮助教师更深入地理解和改进教与学的过程和结果,以提高教学质量和促进学生学习。教学学术的理论基础可以从不同的视角进行阐述和分析，例如，系统理论、学习理论、教学理论和传播理论等。这些理论视角可以揭示教学学术的不同层面和维度，也可以相互补充和协调，形成一个完整和丰富的理论体系。

1.2.1 系统理论视角

系统理论是一种研究复杂系统的行为和性质的理论，它认为系统是由多个相互关联和相互影响的要素组成的，系统的特征和功能不仅取决于各个要素的性质，还取决于要素之间的关系和结构，以及系统与环境的交互和适应。系统理论的基本概念包括系统的边界、层次、结构、功能、反馈、平衡、变化、开放性、动态性、复杂性等。

从系统理论的视角看，教学学术是一个复杂的、动态的、开放的系统，它涉及教学的目标、内容、方法、评价等多个要素和环节，以及教学的内部和外部的相互作用和影响。教学学术的系统性表现在教学学术的目标、内容、方法和评价等方面。首先，教学学术的目标是系统的，它包括教师的教学目标、学生的学习目标和社会的教育目标，这些目标之间需要协调和一致，也需要根据不同的情境和需求进行调整和更新。其次，教学学术的内容是系统的，它包括教师的专业知识、学生的先验知识和社会的文化知识，这些知识之间需要整合和衔接，也需要根据不同的层次和深度进行选择和组织。再次，教学学术的方法是系统的，它包括教师的教学策略、学生的学习策略和社会的教育策略，这些策略之间需要匹配和协作，也需要根据不同的目标和内容进行设计和实施。最后，教学学术的评价是系统的，它包括教师的教学评价、学生的学习评价和社会的教育评价，这些评价之间需要参照和反馈，也需要根据不同的标准和方法进行收集和分析。

教学学术的系统性要求教师在研究和实践时，需要考虑教学的要素、环节和关系，而不是孤立地看待某一个方面或问题。教师还需要考虑教学的环境和条件，以及它们的变化和对教学的影响，而不是忽视或固化教学的背景和情境。教师还需要考虑教学的开放性和动态性，以及它们的发展和对教学的创新，而不是封闭或僵化教学的模式和方式。教师还需要考虑教学的复杂性和不确定性，以及它们带给教学的挑战和机遇，而不是简化或固定教学的过程和手段。

教学学术的系统性为教师提供了一个全面和深入的理论视角，也为教师提供了一个有效和有用的实践工具。教师可以通过系统理论的框架，来构建和分析教学学术的研究问题，设计和实施教学学术的研究方法，收集和处理教学学术的研究数据，解释和评估教学学术的研究结果，以及传播和应用教学学术的研究成果。教师也可以通过系统理论的实践模型，来规划和组织教学学术的教学活动,选择和使用教学学术的教学资源,监测和调整教学学术的教学过程,反馈和改进教学学术的教学效果,以及分享和交流教学学术的教学经验。

1.2.2 学习理论视角

以建构主义为代表的现代学习理论认为学习是一种主动的、有意义的、社会的、情境的、反思的、转化的过程,学习的结果是对知识、技能、态度、价值等的构建、重组、应用、分享等。学习理论的基本概念包括学习的认知、情感、动机、策略等多个方面,以及学习的主动性、自主性、合作性等多个特征。

虽然教学学术的主体是教师,然而,从学习理论的视角看,教学学术的最终目标在于提高学生的学习效果。因此,教学学术要以学生为中心,关注学生的认知、情感、动机、策略等多个方面,以及学生的主动性、自主性、合作性等多个特征。从学习理论视角观察教师的教学学术,不难发现,教学学术具有明显的学习性。

首先,教学学术的认知是学习性的,它关注学生的知识结构和思维过程,以及它们对学习的影响和作用。教学学术的认知目标是促进学生的知识构建和思维发展,教学学术的认知策略是激发学生的先验知识和元认知,引导学生的深层加工和高阶思维,提供给学生多样表达和多元评价。教学学术的认知可以比喻为学习的"大脑",它决定学习的方向和质量,也反映学习的水平和能力。

其次,教学学术的情感是学习性的,它关注学生的情感状态和情感需求,以及它们对学习的影响和作用。教学学术的情感目标是培养学生的情感素养和健康情感,教学学术的情感策略是关注学生的情感体验和情感表达,营造和提供情感氛围和情感支持,促进学生的情感调节和情感转化。教学学术的情感可以拟人化为学习的"心灵",它影响学习的动力和效果,也体现学习的态度和价值。

再次,教学学术的动机是学习性的,它关注学生的动机类型和动机水平,以及它们对学习的影响和作用。教学学术的动机目标是激发学生的内在动机和自我效能,教学学术的动机策略是提供给学生目标设定和目标反馈,增强学生的需求感和归属感,增强学生的挑战感和成功感。教学学术的动机可以比喻为学习的"引擎",它驱动学习的过程和结果,也反映学习的意义和满足。

最后,教学学术的策略是学习性的,它关注学生的学习方法和学习技巧,以及它们对学习的影响和作用。教学学术的策略目标是培养学生的学习能力和学习习惯,教学学术的策略是教授给学生学习策略和学习技巧,指导学生的学习计划和学习监控,帮助学生进行学习评价和学习调整。教学学术的策略可以比喻为学习的"工具",它支持学习的方法和技巧,也反映学习的效率和效果。

教学学术的学习性要求教师在研究和实践时,考虑学生的认知、情感、动机、策略等多个方面,以及它们对学习的影响和作用,而不是忽视或偏重某一个方面或问题。教师还需要考虑学生的主动性、自主性、合作性等多个特征,以及它们对学习的促进和提升作用,而不是压制或限制学生的学习主体性和社会性。教师还需要考虑学生的个体差异和多元化,以及它们对学习的适应和调节作用,而不是忽略学生的学习差异和多样性。

教学学术的学习性为教师提供了一个以学生为中心的理论视角,也为教师提供了一个有效和有用的实践工具。教师可以通过学习理论的框架,来构建和分析教学学术的研究问题,设计和实施教学学术的研究方法,收集和处理教学学术的研究数据,解释和评估教学学术的研究结果,以及传播和应用教学学术的研究成果。教师也可以通过学习理论的实践模型,来规划和组织教学学术的教学活动,选择和使用教学学术的教学资源,监测和调整教学学术的教学过程,反馈和改进教学学术的教学效果,以及分享和交流教学学术的教学经验。

1.2.3 教学理论视角

教学理论是研究教学过程和结果的理论,其认为教学是一种有目的的、有计划的、有组织的、有指导的、有评价的活动,教学的结果是对教学目标、内容、方法、评价等的实现、反思、改进、分享等。教学理论的基本概念包括教学的目标、内容、方法、评价等多个要素和环节,以及教学的创造性、反思性、研究性等多种功能。

从教学理论的视角看,教学学术以教师为主体,需要运用教师的专业知识、技能、态度等多个维度,以及教师的创造性、反思性、研究性等多种能力,因此,教学学术具有明显的教学性。

首先,教学学术的目标是教学性的,它关注教师的教学目标的制定、实施、评价和修正,以及它们与学生的学习目标和社会的教育目标的协调与一致。教学学术的目标要求教师具有明确的教学目的和意义、合理的教学期望和要求、灵活的教学调整和更新。教学学术的目标可以比喻为教学的"灯塔",它指引教学的方向和目的,也反映教学的价值和意义。

其次,教学学术的内容是教学性的,它关注教师的教学内容的选择、组织、呈现和反馈,以及它们与学生的先验知识和社会的文化知识的整合与衔接。教学学术的内容要求教师具有丰富的专业知识和背景知识、有效的知识结构和知识表达、多样的知识来源和知识资源。教学学术的内容可以比喻为教学的"地图",它展示教学的范围和内容,也反映教学的深度和广度。

再次,教学学术的方法是教学性的,它关注教师的教学方法的设计、实施、评价和改进,以及它们与学生的学习方法和社会的教育方法的匹配与协作。教学学术的方法要求教师具有创新的教学思路和教学策略、熟练的教学技能和教学技巧、多元的教学方式和教学工具。教学学术的方法可以比喻为教学的"车体",它支持教学的过程和方法,也反映教学的效率和效果。

最后,教学学术的评价是教学性的,它关注教师的教学评价的收集、分析、反馈和应用,以及它们与学生的学习评价和社会的教育评价的参照与反馈。教学学术的评价要求教师具有客观的教学标准和教学指标、科学的教学方法和教学工具、及时的教学信息和教学建议。教学学术的评价可以比喻为教学的"仪表盘",它监测教学的结果和效果,也反映教学的质量和改进。

教学学术的教学性要求教师在研究和实践时,运用教师的专业知识、技能、态度等多个维度,以及教师的创造性、反思性、研究性等多种能力,而不是仅仅依赖某一个方面。教师还需要运用教学的目标、内容、方法、评价等多个要素和环节,以及它们之间的关系和作用,而不是随意指定或固定某一个方面。教师还需要运用教学的创新、反思、研究等多个过程和结果,以及它们之间的相互促进和提升,而不是忽视或满足某一个方面。

教学学术的教学性为教师提供了一个以教师为主体的理论视角,也为教师提供了一个有效和有用的实践工具。教师可以通过教学理论的框架,来构建和分析教学学术的研究问题,设计和实施教学学术的研究方法,收集和处理教学学术的研究数据,解释和评估教学学术的研究结果,以及传播和应用教学学术的研究成果。教师也可以通过教学理论的实践模型,来规划和组织教学学术的教学活动,选择和使用教学学术的教学资源,监测和调整教学学术的教学过程,反馈和改进教学学术的教学效果,以及分享和交流教学学术的教学经验。

1.2.4 传播理论视角

传播理论是一种研究传播过程和结果的理论,它认为传播是一种信息的交换、共享、理解、影响的过程,传播的结果是对信息的接收、处理、反馈、应用等。传播理论的基本概念包括传播的方式、渠道、工具等多个手段,以及传播的效率、效果、反馈等多个指标。

从传播理论的视角看,教学学术是以交流为媒介的,它利用传播的方式、渠道、工具等多个手段,以及传播的效率、效果、反馈等多个指标。教学学术的传播性表现在教学学术的方式、渠道、工具、效率、效果及反馈等方面。

第一,教学学术的方式是传播性的,它关注教师和学生之间的传播方式的选择、使用、评价和改进,以及它们与教学目标、内容、方法、评价等的协调和一致。教学学术的方式要求教师和学生具有适合的传播方式,如口头的、书面的、图像的、音频的、视频的等,以及灵活的传播方式,如单向的、双向的、多向的等。教学学术的方式可以比喻为传播的“语言”,它决定传播的形式和内容,也反映传播的风格和特色。

第二,教学学术的渠道是传播性的,它关注教师和学生之间的传播渠道的选择、使用、评价和改进,以及它们与教学目标、内容、方法、评价等的协调和一致。教学学术的渠道要求教师和学生具有适合的传播渠道,如面对面的、远程的、同步的、异步的等,以及多样的传播渠道,如课堂的、网络的、社区的、媒体的等。教学学术的渠道可以比喻为传播的“空间”,它决定传播的场所和范围,也反映传播的环境和条件。

第三,教学学术的工具是传播性的,它关注教师和学生之间的传播工具的选择、使用、评价和改进,以及它们与教学目标、内容、方法、评价等的协调和一致。教学学术的工具要求教师和学生具有适合的传播工具,如黑板、白板、投影仪、计算机、手机等,以及多元的传播工具,如文字、图表、图片、音频、视频等。教学学术的工具可以比喻为传播的“媒介”,它决定传播的载体和方式,也反映传播的技术和资源。

第四,教学学术的效率是传播性的,它关注教师和学生之间的传播效率的测量、提高、评价和改进,以及它们与教学目标、内容、方法、评价等的协调和一致。教学学术的效率要求教师和学生具有高效的传播效率,如传播的速度、准确度、完整度、清晰度等,以及优化的传播效率,如传播的节省、简化、压缩、概括等。教学学术的效率可以比喻为传播的“动力”,它决定传播的快慢和好坏,也反映传播的成本和效益。

第五,教学学术的效果是传播性的,它关注教师和学生之间的传播效果的测量、提高、评价和改进,以及它们与教学目标、内容、方法、评价等的协调和一致。教学学术的效果要求教师和学生具有良好的传播效果,如传播的理解、记忆、应用、影响等,以及改善的传播效果,如传播的反思、批判、创新、转化等。教学学术的效果可以比喻为传播的“成果”,它决定传播的意义和价值,也反映传播的水平和能力。

第六,教学学术的反馈是传播性的,它关注教师和学生之间的传播反馈的收集、分析、评价和应用,以及它们与教学目标、内容、方法、评价等的协调和一致。教学学术的反馈要求教师和学生具有及时的传播反馈,如传播的确认、询问、回答、建议等,以及有效的传播反馈,如传播的修正、改进、完善、优化等。教学学术的反馈可以比喻为传播的“回音”,它决定传播的反馈和评价,也反映传播的问题和改进。

教学学术的传播性要求教师在研究和实践时,利用传播的方式、渠道、工具等多个手段,以及它们之间的关系和作用,而不是随意指定或固定某一个手段。教师还需要利用传播的效率、效果、反馈等多个指标,以及它们之间的相互促进和提升,而不是忽视或满足某一个指标。

教学学术的传播性为教师提供了一个以交流为媒介的理论视角,也为教师提供了一个有效和有用的实践工具。教师可以通过传播理论的框架,来构建和分析教学学术的研究问题,设计和实施教学学术的研究方法,收集和处理教学学术的研究数据,解释和评估教学学术的研究结果,以及传播和应用教学学术的研究成果。教师也可以通过传播理论的实践模型,来规划和组织教学学术的教学活动,选择和使用教学学术的教学资源,监测和调整教学学术的教学过程,反馈和改进教学学术的教学效果,以及分享和交流教学学术的教学经验。

1.3 教学学术理论的优势与局限

1.3.1 教学学术理论的优势

教学学术理论一经提出后,就在教学研究和实践领域产生了巨大的影响,并展现出对教师教学能力提升的优势作用。

首先,教学学术促进了教学研究与实践的创新性和挑战性。教学学术是一种创新的教学研究与实践的方式,它打破了传统的教学和研究分离的局面,将教学和研究视为一个整体,将教师和学生视为一个团队,将教学活动和研究活动视为一个过程,将教学结果和研究结果视为一个产物,将教学经验和研究成果视为一种资源,从而实现教学和研究的融合和互动,提高教学的科学性和学术性,增强教学的创造性和反思性,激发教学的热情和创新。教学学术的创新性体现在它对教学和研究的新的认识、新的方法、新的内容、新的形式、新的标准等多个方面的探索和尝试,为教学和研究的发展提供了新的思路和新的动力。

教学学术也是一种具有挑战的教学研究和实践的方式,它要求教师具有较高的教学水平和研究水平,能够运用教学学术的理论和方法,对教与学的问题进行系统的、公开的、可批判的和同行评审的研究和改进,同时,要求教师能够正确面对教学学术的研究伦理和学术规范,避免教学学术的研究误区和学术失范,以保证教学学术的合法性和诚信性。教学学术的挑战性体现在它对教师的教学能力、研究能力、沟通能力、协作能力、自律能力等多个方面的考验和提升，为教师的专业发展提供了新的机遇和提出了新的要求。

其次，教学学术丰富了教学研究与实践的多样性和复杂性。教学学术是一种多样的教学研究和实践的方式，它涵盖了理论视角、研究方法、研究主题、研究对象、研究数据、研究结果、研究成果等多个方面，它们可以相互补充和协调，也可以相互比较和对照，从而展现教学学术的丰富性和广泛性，增强教学学术的多元性和灵活性，体现教学学术的包容性和开放性。教学学术的多样性体现在它对教学和研究的可能性、选择、创新、交流、评价等多个方面的尊重和支持，为教学和研究的多样化和个性化提供了新的空间和新的条件。

教学学术也是一种复杂的教学研究和实践的方式，它涉及多个层面和维度的教与学的过程和结果，如教学目标、教学内容、教学方法、教学评价、学生学习等多个要素和环节，以及教师专业发展、教学质量提升、学生学习进步、学校发展、社会进步等多种价值和意义，它们可以相互影响和作用，也可以相互冲突和矛盾，从而加大教学学术的复杂度和难度，要求教师具有较强的分析能力和解决能力，以保证教学学术的有效性和可靠性。教学学术的复杂性体现在它对教学和研究的因素、关系、影响、评估、改进等多个方面的认识和处理，为教学和研究的深入和全面提供了新的视角和提出了新的挑战。

最后，教学学术发展了教学研究与实践的普及性和影响力。教学学术是一种普及的教学研究和实践的方式，它适用于不同的教学领域、教学阶段、教学科目、教学类型等多种教学场景，它也适用于不同的教师特征、教师水平、教师需求等多种教师条件，它还适用于不同的学生特征、学生水平、学生需求等多种学生条件，从而提高教学学术的普适性和适应性，增强教学学术的普及性和推广性，促进教学学术的普及和应用。教学学术的普及性体现在它对教学和研究的普遍性、必要性、重要性等多个方面的认同和倡导，为教学和研究的普及和应用提供了新的理念和新的动力。

教学学术也是一种具有影响的教学研究和实践的方式，它可以对教师自身、学生、学校、社会等多个层面产生积极的影响和贡献，如具有促进教师专业发展、提高教学质量、改善学生学习、支持学校发展、服务社会进步等多个方面的价值和意义，从而提高教学学术的有效性和价值性，增强教学学术的影响力和认可度，反映教学学术的必要性和重要性。教学学术的影响力体现在它对教学和研究的目标、效果、贡献、反馈、改进等多个方面的实现和展示，为教学和研究的影响和贡献提供了新的途径和新的证据。

1.3.2 教学学术理论的局限

首先,教学学术理论不完善和方法不成熟。教学学术是一种新兴的教学研究和实践的方式,它还没有形成完善的理论体系和方法论,还没有得到广泛的认可和支持,还没有建立有效的评价和奖励机制,还没有发展出稳定的组织和网络,还没有形成丰富的文献和资源,从而导致教学学术理论不完善和方法不成熟,影响教学学术的质量和水平,限制教学学术的发展和推广。教学学术理论不完善和方法不成熟体现在它对教学和研究的定义、分类、原则、步骤、标准、规范等多个方面的认识模糊和不一致,给教学和研究的实施和评价带来了新的困难和新的问题。

其次,教育主体在教学学术理论与实践上投入的时间和资源不足。教学学术是一种耗时的教学研究和实践的方式,它需要教师在教学之外投入大量的时间和精力,进行教学问题的发现和定义、教学方案的设计和实施、教学数据的收集和分析、教学结果的呈现和传播、教学反馈的获取和利用、教学改进的计划和执行等多个环节和步骤,从而导致教学学术理论与实践上投入的时间和资源不足,影响教学学术的效率和效果,增加教学学术的压力和负担,阻碍教学学术的参与和持续。教学学术理论与实践上投入的时间和资源不足体现在它对教师的时间安排、资源配置、工作量、工作压力、工作满意度等多个方面的影响和挑战,给教学和研究的平衡和协调带来了新的难题和新的冲突。

最后,教学学术理论与实践具有隔离性和边缘性。教学学术是一种孤立的教学研究和实践的方式,它往往只涉及个别的教师和学生,只关注个别的教学问题和教学方案,只产生个别的教学结果和教学成果,只影响个别的教学质量和教学效果,从而导致教学学术理论与实践具有隔离性和边缘性,影响教学学术的共享和交流,限制教学学术的影响和贡献,削弱教学学术的价值和意义,减少教学学术的动力和信心。教学学术理论与实践的隔离性和边缘性体现在教师的合作、交流、学习、发展等多个方面的缺乏和困难,给教学和研究的共享和交流带来了新的障碍和风险。

1.4 教学学术理论的发展展望

教学学术是一种新兴的教学研究和实践的方式,它对教师专业发展、教学质量提高、学生学习改善、支持学校发展、服务社会进步等方面都有着重要的意义和价值。教学学术的理论研究与实践应用正处在快速发展的新阶段,其未来的发展将主要集中在理论深化和拓展、方法完善和创新,以及实践推广和交流等方面。

1.4.1 教学学术需要对其自身的理论进行深化和拓展

教学学术的理论基础包括系统理论、学习理论、教学理论和传播理论等多个理论视角,它们为教学学术提供了深入和全面的理论支撑和指导。无论是研究者还是教师,都需要不断地深化和拓展这些理论视角,探索更多元和创新的理论视角和理论模型,提高教学学术的理论水平和理论质量,加强教学学术的理论创新和增加理论贡献。同时,教学学术的理论与实践也需要与其他相关的理论和领域进行交叉和融合,如与教育心理学、教育技术学、教育管理学、教育评估学等跨界融合,开拓教学学术的理论视野和理论资源,丰富教学学术的理论内容和理论形式,促进教学学术的理论发展和理论进步。

1.4.2 教学学术的研究方法和实践方法需要进一步完善和创新

教学学术的研究方法和实践方法包括教学问题的发现、教学方案的设计、教学过程的执行、教学结果的评估、教学经验的分享等多个环节,它们为教学学术提供了科学和规范的研究方法和实践方法。因此,需要不断地完善和创新这些研究方法和实践方法,探索更灵活和有效的研究方法和实践方法,提高教学学术的方法水平和方法质量,促进教学学术的方法创新和方法贡献。同时,教学学术在研究和应用的层面也需要借鉴和引入其他相关的方法和技术,如定量研究法、质性研究法、行动研究法、案例研究法、调查研究法、实验研究法等,完善教学学术的研究方法和实践方法的多样性和适应性,提升教学学术的研究方法和实践方法的效率和效果,推动教学学术的方法发展和方法进步。

1.4.3 教学学术的研究成果与实践经验需要推广和交流

教学学术的研究成果和实践经验可以通过教学学术的期刊论文、教学学术的项目报告、教学学术的奖项评选、教学学术的会议报告等多种形式进行推广和交流,它们为教学学术提供了公开和可批判的研究成果和实践经验。只有不断地推广和交流这些研究成果和实践经验,扩大和深化教学学术的传播范围和传播深度,才能提高教学学术的传播水平和传播质量,提高教学学术的传播影响力和传播认可度,促进教学学术的传播和交流。同时,教学学术的研究者需要学习和借鉴其他相关的研究成果和实践经验,如其他教师和学者的教学学术的研究报告和教学案例,开拓教学学术的研究成果和实践经验的视野和资源,丰富教学学术的研究成果和实践经验的内容和形式，共同促进教学学术的发展和提升。

教学学术作为一种新兴的教学研究和实践的方式，具有广阔的发展前景和发展空间，它可以为教学研究和实践领域提供创新的理论和方法，从而提高教学研究和实践的水平和质量，提高教学研究和实践的影响力和认可度，反映教学研究和实践的必要性和重要性。

第2章　教学学术的个体结构与特征

教学学术总要在教师个体的教学活动和教学研究的过程中体现。当教师将教学活动和教学研究作为一种学术活动时会形成一种与其自身的教学学术能力密切相关的较为稳定的认知与活动模式。教师个体的教学学术具有维度上的辨识标志,形成了教师教学学术的个体结构。由于教师之间存在个体差异,例如学术背景、教学心理特征、所处的社会文化特征等有所不同,教师个体的教学学术表现出不同于其他个体的教学活动与教学研究的特性。

2.1　教学学术的个体结构

教师个体的教学学术具有维度上的辨识标志,主要表现为教师对教学学术的感知、教师对教学学术的态度及教师的教学学术的行为三个构件,其组成教师个体的教学学术结构。

2.1.1　教师对教学学术的感知

教师对教学学术的感知是指教师对教学学术的概念、特征、价值和要求的理解和把握。教师对教学学术的感知直接影响着教师的教学学术态度和行为,进而影响着教师的教学学术能力的发展和提升。因此,教师对教学学术的感知是教师教学学术能力的基础和前提。具体来说,较为完全的教学学术感知应该包括以下内容。

首先,教学学术被感知为一种学术研究。教学学术能力是指教师能够将自己的教学实践作为研究对象,运用科学的方法收集和分析数据,得出结论和计划,并将研究成果与同行、社会分享的能力。教学学术能力与学术研究的其他领域(如基础研究、应用研究)的能力有着共同的特征,这些特征包括系统性、公开性、可批判性和同行评审性。其中,系统性是指教学学术能力要求教师能够根据教学目标和问题,设计和实施合理的研究方案,遵循科学的研究流程,保证研究的完整性和有效性。公开性是指教学学术能力要求教师能够将自己的研究过程和结果公开,接受其他教师和学者的检验和评价,促进教学知识的传播和交流。

可批判性是指教学学术能力要求教师能够对自己的教学实践进行批判性的反思,发现和解决教学中存在的问题,不断改进和创新教学方法和策略。同行评审性是指教学学术能力要求教师能够与其他教师进行合作和互动,相互学习和借鉴,共同提高教学水平和质量。

其次,教学学术被感知为教师专业发展的核心,以及促进学生学习和提高教学质量的关键。教学学术能力是教师专业发展的重要组成部分,是教师从教学者向学者转变的标志。教学学术能力的提升有利于教师提升自己的教学素养和学术水平,增强自己的教学信心和满足感,激发自己的教学热情和创造力。教学学术有利于教师更好地理解和满足学生的学习需求,激发学生的学习兴趣和动机,提升学生的学习效果和能力。教学学术有利于教师与其他教师建立良好的合作关系,形成共同的教学目标和理念,推动教学改革和创新。

教学学术在教学端被感知为课程开发、教学设计、教学实施、教学评价、教学反思等五个方面。课程开发是指教师能够根据学科的特点和学生的特征,制定合理的课程目标和内容,选择适合的教材和资源,构建有效的课程体系和结构。教学设计是指教师能够根据课程目标和内容,设计符合学生学习规律和教学原则的教学方法和策略,安排合适的教学活动和任务,制订明确的教学计划和步骤。教学实施是指教师能够根据教学设计,灵活运用多种教学技巧和手段,有效组织和管理教学过程,调动和引导学生主动参与和深入思考,实现教学目标和要求。教学评价是指教师能够根据教学目标和内容,采用多样化的评价方法和工具,及时收集和分析教学效果和反馈信息,评估和反馈学生的学习进展和成果,调整和改进教学策略和方法。教学反思是指教师能够根据教学评价,对自己的教学实践进行系统的、批判的、持续的反思和总结,发现和解决教学中存在的问题和困难,提出和实施教学改进和创新的建议和措施。

2.1.2 教师对教学学术的态度

教师对教学学术的态度是影响教学学术能力发展的重要因素,也是反映教师教学学术水平的重要指标。一般来说,大多数教师对教学学术持有积极的态度,主要有以下三方面原因。

首先,教学学术是教师专业发展重要且必备的素质。教师对教学学术的重要性的认识,体现了教师对教学工作的价值取向和职业理想。教学学术能力是教师专业发展的必备素质,教师对教学学术的重要性的认识,受到国家和社会的影响。近年来,随着教育现代化的推进,教育研究工作得到了国家和社会的高度重视。同时,教育改革和发展的需要也要求教师不断提高教学学术能力,以适应教育的变化和挑战。教师作为教育的主体，需要在教学中不断探索、反思和改进，以提高教学质量和促进学生学习。因此，教师对教学学术的重要性的认识，也是教师对教育事业的责任感和使命感的体现。

其次，教学学术可以帮助教师更好地理解教学过程，改善教学效果。教师对教学学术的作用的认识体现了教师对教学工作的认知水平和实践能力。一是教学学术可以帮助教师提高教学设计的科学性和有效性。教师通过教学学术研究，可以掌握教学设计的理论和方法，根据教学目标、教学内容、教学对象和教学环境等因素，制订合理的教学计划和策略，选择适合的教学媒体和手段，设计有趣的教学活动和任务，激发学生的学习兴趣和动机，提高教学效率和效果。二是教学学术可以帮助教师提高教学实施的灵活性和创新性。教师通过教学学术研究可以掌握教学实施的技巧和规律，根据教学过程中的实际情况，及时调整教学步骤和方式，灵活运用教学方法和技术，创造性地解决教学中的问题和困难，充分发挥教师的主导作用和学生的主体作用，实现教学的多样化和个性化。三是教学学术可以帮助教师提高教学评价的客观性和有效性。教师通过教学学术研究可以掌握教学评价的原则和方法，根据教学目标和标准，选择合适的评价工具和指标，采用多元的评价形式和方法，实施过程性和终结性的评价，反馈评价结果和建议，促进教师和学生的互动和反思，提高教学质量和水平。

最后，教学学术可以帮助教师与其他教师进行交流、合作，促进教学改革。教师对教学学术合作的认识体现了教师对教学工作的社会性和共同性的认同情况。教学学术可以帮助教师与其他教师进行交流、合作，是教师专业发展的重要途径和手段。教师对教学学术合作的认识，也受到教学改革的推动和教学环境变化的影响。在教学改革的过程中，教师需要与其他教师进行教学学术交流、合作，以共享教学经验和资源，共同解决教学问题和困难，共同探索教学创新和改进，共同提升教学能力和水平。在教学环境变化的过程中，教师需要与其他教师进行教学学术交流、合作，以适应教育信息化、国际化、多元化的发展趋势，以满足学生多样化、个性化、终身化的学习需求。因此，教师对教学学术合作的认识，也是教师对教学事业的奉献精神和团队精神的体现。

2.1.3　教师的教学学术的行为

教师的教学学术的行为是指教师在教学过程中所采取的有利于提高自己的教学学术能力和促进教学学术发展的教学活动和策略。教师的主要教学学术的行为包括参加教学学术相关的培训和研讨会、阅读教学学术相关的书籍和文章、与其他教师进行教学学术方面的交流与合作、反思和记录自己的教学实践等。

首先,教师参加教学学术相关的培训和研讨会是指教师利用各种机会和途径,如学校组织的教师培训、学术会议、研究项目等,参与教学学术学习和交流,丰富自己的教学学术理论知识和技能,提高教学能力。通过参加教学学术相关的培训和研讨会,教师可以了解教学学术的最新动态和发展趋势,掌握教学学术的前沿理论和方法,拓展自己的教学视野和思维,增强自己的教学创新和研究能力。此外,教师通过参加教学学术相关的培训和研讨会,可以与其他教师进行教学学术交流和分享,学习和借鉴其他教师的优秀教学实践经验,形成和建立教学学术的共同体和合作关系,促进教学学术的传播和发展。教师通过参加教学学术相关的培训和研讨会,还可以检验和评价自己的教学学术水平和能力,发现和解决自己的教学学术问题和困惑,提出和完善自己的教学学术计划和目标,促进自己的教学学术能力的提升和发展。

其次,教师阅读教学学术相关的书籍和文章是指教师利用各种资源和渠道,如图书馆、网络、期刊等,阅读教学学术的相关文献,获取教学学术的相关知识和信息的教学行为。教师可以通过阅读教学学术相关的书籍和文章,系统地学习和掌握教学学术的基本概念、特征、价值和要求,建立和完善自己的教学学术认知和理解,为自己的教学学术活动和行为提供理论指导和支持。教师可以通过阅读教学学术相关的书籍和文章,广泛地了解和学习教学学术的相关案例、实践、研究和评价,丰富和更新自己的教学知识和信息,为教学设计和实施提供参考和借鉴,为教学反思和评价提供依据和标准。教师可以通过阅读教学学术相关的书籍和文章,深入地分析和思考教学学术的相关问题、困难、挑战和机遇,提升自己的教学能力,为自己的教学改进和创新提供动力和途径,为自己的教学成果和贡献的增加提供可能和空间。

再次,教师与其他教师进行教学学术方面的交流和合作是指教师利用各种形式和平台,如研讨会、论坛、博客、微信等,与其他教师分享和交流自己的教学学术的想法、经验、成果等,进行教学学术合作和互动的教学行为。教师通过与其他教师进行教学学术方面的交流、合作,可以开阔和丰富自己的教学学术的视野和资源,了解和学习其他教师的教学学术的观点和做法,对比和评价自己的教学学术的水平和能力,发现和弥补自己的教学学术的不足和缺陷。教师可以通过与其他教师进行教学学术方面的交流、合作,建立和发展自己的教学学术的网络和关系,与其他教师进行教学学术的讨论和探讨,以及协作和支持,形成和建立教学学术的共同体和合作关系。教师可以通过与其他教师进行教学学术方面的交流、合作,展示和传播自己的教学学术的成果和贡献,接受和优化其他教师的教学学术的评价和建议,与其他教师进行教学学术的对话和沟通,促进教学学术的传播和发展。

最后,教师反思和记录自己的教学实践是指教师在教学后对自己的教学过程和效果进行系统的分析和评价,找出教学中存在的问题和不足,提出改进和完善教学的建议,将教学反思的过程和结果进行书面或电子形式的记录并保存的教学行为。教师可以通过反思和记录自己的教学实践,提高和完善教学能力和水平,检验和评价教学目标和效果,发现和解决教学问题和困惑,提出和完善教学计划和目标,提高教学学术能力。教师可以通过反思和记录自己的教学实践,丰富和更新教学知识和信息,总结和提炼教学经验和心得,建立和形成教学档案和资料,为自己的教学研究和成果发表提供素材和依据。教师可以通过反思和记录自己的教学实践,展示和传播教学成果和贡献,接受和优化其他教师的教学评价和建议,与其他教师进行教学反思的交流和合作,促进教学学术的传播和发展。

2.2 教学学术的知行失调

教师的教学学术存在着教师对教学学术的感知与教学学术行为之间的不一致现象。教师教学学术的知行失调是指教师在教学过程中,虽然认识到教学学术的重要性和必要性,但却没有将教学学术的理论和方法有效地运用到教学实践中,导致教学行为与教学学术的标准不一致,影响了教学质量和学生的学习效果。这种现象普遍存在于教师群体中,无论是经验丰富的教师,还是刚入职的新教师。如果教师对教学学术的理解不够透彻,那么这种知行不一致现象就更为严重。

2.2.1 教学学术知行失调的表现

教学学术的知行失调是说教师对教学学术的感知与教学学术的行为之间的不协调。教学学术感知是指教师观念中的教学学术的内涵和内容,是教学学术"知"的方面;教学学术行为是指教师在实际教学工作中所表现出来的教学学术,是教学学术"行"的方面。教学学术感知与教学学术行为之间是一个循环的过程,表现为二者之间的相互循环转化。在这一过程中,教师要对教学研究实践(教学学术行为)进行反思,扩展和丰富教学学术的概念(教学学术感知),进而指导接下来的教学学术行为。每个阶段都需要符合"建设性一致原则",也就是说,教学学术形成与发展的每个阶段都要达成各成分之间的和谐与一致。然而,这又会产生两个新的问题。

第一个问题涉及教学学术包括哪些成分。在转化学习理论的基础上提出的教学学术的三维矩阵模型认为,教学学术的成分包括教学的知识、教育学的知识及课程的知识。三种知识通过内容反思、过程反思及前提反思,外显为教师的教学学术行为,并与三种知识相对应。其中,内容反思主要关注教学过程中的问题描述,与教学的知识相对应;过程反思主要关注教学中问题解决的策略和过程、对努力程度的评估,以及对当前经验与先前学习之间的异同的思考,与教育学的知识相对应;前提反思则主要思考与教学有关的优点和其功能的相关性,是对教学的前置性的反思,对应于课程的知识。通过这样的反思,教师通常可以获得三个不同领域的教学知识体系。虽然后来其他学者陆续提出过教学学术的成分的理论模型,但三维矩阵模型是最具操作性的。这种教学学术的理论模型突出了教学反思的重要性,也为教师个体教学学术水平的评价奠定了基础。教学的知识、教育学的知识及课程的知识需要通过这三种反思获得发展的指标,即在每一个教学学术的成分维度中,教学学术的指标是通过内容反思、过程反思和前提反思进行评价的。

第二个问题涉及各成分之间的和谐与一致是否是常态。如果对该问题的回答是肯定的,就意味着教师具有什么样的教学学术感知,就会表现出与之相对应的教学学术行为。因此,提高教师的教学学术水平只需要让他们更加深刻地理解教学学术的概念和内涵即可。如果对该问题的回答是否定的,那么则需要承认教师的教学学术存在较大程度的知行失调。也就是说,教师即使领会了教学学术的意义,并不意味着他们能在实际工作中表现出较高的教学学术水准。当然,这种知行失调既有可能来自教师对教学学术的概念和内涵的认知偏差,也可能来自其自身的人格特征和认知特征。

基于上述两个问题,有研究发现,教师对教学学术的感知符合三维矩阵模型,其能够非常理想地表征教学学术的成分以及这些成分之间的关系。教学学术感知的三种反思之间高度相关,且未表现出显著差异,充分说明内容反思、过程反思和前提反思在教学学术中具有同等重要的地位,其互相支撑,任何一种反思的缺失都会造成教学学术的整体偏颇,不利于教师教学学术的发展。

具体来说,内容反思是最基础的反思,决定了教学的内容。当教师进行内容反思时,实际上是在描述教学中要采取的行动。这些行动包括规划课程、选用教学策略和评估学生等,主要涉及课程设计、教学材料和教学方法的知识。这种通过内容反思获得的知识在性质上与教学技术的知识系统相似,因此,内容反思体现的是教学的知识。过程反思反映了教学学术中的动态变化。在过程反思中,教师要审视教学知识的充分性,重点是教学知识形成的策略或程序。教师要形成对学生的学习风格、认知风格,以及学习中所涉及的认知过程的动态理解,要对教学全过程进行充分的思考。例如,如何教授学科内容,如何协助学生理解与完成学科概念相关的学习任务,以及如何形成批判性思维和进行学科之外的自我指导性学习。所以,过程反思体现了教育学的知识。前提反思为教师的教学学术提供理由。在进行前提反思时,教师要考虑教学的优点和其功能的相关性,要思考采用哪种形式进行教学。通过审视课程及课程目标设置的理由,从而对自己的教学实践进行批判性反思。所以,前提反思主要体现了课程的知识。

此外,相关研究结果还表明,教师在工作中所积累的经验可以充分支持他们形成关于教学学术的朴素认知。由于教学学术对教师的教学和发展具有重要意义,近年来我国高校纷纷设立专门的教师发展机构,积极转变"重科研、轻教学"的理念。通过参加各种有关教学的学术分享活动,教师对教学学术有了初步的认知,并建立起朴素的教学学术理念。

然而,教师的教学学术感知与理论模型的高度拟合并不意味着教学学术行为与教学学术感知完全一致。教师的教学学术感知的总体得分高于他们在教学学术行为上的得分,表明他们在教学学术上存在较大程度的知行失调。已有的研究也得出过类似的结论。例如,有研究发现教师的教学学术存在严重的知行脱节的现象。知行脱节是指教师所具有的教育教学知识无法指导教学实践。然而,从教学学术的感知与教学学术的行为表现的角度来看,知行失调是指教师的教学学术的感知程度与教学学术的行为表现之间的不一致,即教师感知到教学学术很重要,但在实际的行动中却并未体现出其重要性。

虽然教学学术在教师的观念中具有非常重要的地位,但在实际工作中,教师却并非都能达到他们理想中的教学学术水准。具体来说,教师主要在过程反思和前提反思中表现出较为严重的知行失调,在内容反思中并未表现出知行失调。此外,过程反思在三种反思中的程度最低,说明过程反思是教学学术行为中的一个短板。

如前所述,内容反思体现了教学学术对教学知识的思考。一般来说,教师对自己教学领域的知识以及知识传授的方法都不会感到陌生,这是因为他们在成为教师之前就已经在该领域受过严格的训练。因此,内容反思部分的知行一致是合理的结果。然而,过程反思和前提反思则涉及非常具体的教育学的知识和课程的知识。虽然教师在学生时代就曾接受过不同教学方法和策略的教育,但以学生为中心视角的反思和以教师为中心视角的反思存在巨大的差异。因此,当教师(尤其是青年教师)对教学的处理由"接受"转变为"实施"时,他们非常容易陷入无所适从的境地。也就是说,他们已经认识到过程反思和前提反思对于教学学术的重要意义,但是他们还无法自发产生有效的方法和策略来指导自己在实际的教学活动中表现出符合教学学术的行为。因此,他们会在过程反思与前提反思中表现出较为明显的知行失调。

2.2.2 教学学术知行失调的原因

教师教学学术知行失调的第一个原因是教学学术的性质。教学学术本身的属性就决定了教师在教学学术感知和教学学术行为之间普遍存在知行失调。

教学学术是一个学术性极强的专业术语,普通教师可能并未理解其内涵,更无法用于指导自己的教学学术行为。许多文献研究表明,对于教学的“学术”和教学的“设计和实施”,教师并没有达成普遍一致的观点。澳大利亚的一项研究发现,教师对于教学学术的理解更倾向于如何指导学生学习,而非教学过程本身;教师更加关注如何呈现自己的教学过程,并不关注其他教师是如何教学的。虽然本书的研究结果表明,教师对于教学学术具有朴素的认知,但从总体上看,教师对于教学学术的具体细节并没有清晰的看法。因此,教学学术知行失调的重要原因可能是教师对教学学术的概念与内涵的认知不足,而非教师的教学学术感知存在偏差。

教学学术行为的发展要求教师具有将概念转化为行为的能力。一般来说,教师的教学学术感知的成分之间和谐、统一,说明教师对教学学术的概念与结构的理解并不存在系统性的偏差。因此,导致教学学术知行失调的原因主要是未将所感知到的教学学术概念转化为实际的教学学术行为。已有的研究表明,将概念转化为实践的途径是教师将陈述性知识转化为程序性知识,而这种转化的前提是对理论的深度理解并辅以大量实践练习。当教师(尤其是青年教师)尚未积累足够的教学学术实践时,他们就很难在教学活动中达到理想的教学学术水准。

教学学术的内涵具有动态发展的特征。教学学术内涵的动态性使得教学学术行为滞后于教学学术感知。近年来,教学学术的理论研究突飞猛进,不同的学者由于各自视角的不同,对教学学术有着不同的认识和理解。教学学术的理念、内涵也随着学者认识的深入而发生变化。每当教学学术的内涵发生变动,教学学术行为也要随之有相应的调整。为顺应这种变化,教师需要具有较好的信息更新能力,甚至对原有教学学术行为进行抑制,才能达成新的平衡。

教师教学学术知行失调的第二个原因则是教师个体的心理与行为特征。教师自身的一些心理与行为特征会影响到他们如何感知教学学术、理解教学学术,以及他们对教学学术的态度,这些因素最终会影响到他们的教学学术行为。

首先,教师对教学学术的理解不够深入。教师对教学学术的理解主要体现在对教学学术的概念、特征、目标、内容、方法、过程、结果等方面的认识程度。访谈结果显示,教师对教学学术的理解多停留在表层,缺乏深入的探究和分析。例如,对于教学学术的概念,教师多认为其可以将教学作为学术研究的对象,而忽视了教学学术的本质是教与学的互动和共同发展;对于教学学术的特征,教师多认为其具有系统性、公开性、可批判性和同行评审性,而忽视了教学学术的实践性、创新性和反思性;对于教学学术的目标,教师多认为其可以提高教学质量和促进学生学习,而忽视了教学学术的目标是促进教师专业发展和教育改革;对于教学学术的内容,教师多认为其包括课程开发、教学设计、教学实施、教学评价、教学反思等,而忽视了教学学术的内容是教与学存在的问题和解决的方案;对于教学学术的方法,教师多认为其是科学的、规范的、有效的,而忽视了教学学术的方法是多样的、灵活的、适应的;对于教学学术的过程,教师多认为其是有序的、有逻辑性的、连贯的,而忽视了教学学术的过程是动态的、复杂的、不确定的;对于教学学术的结果,教师多认为其是发表论文或著作,而忽视了教学学术的结果是教师和学生的成长和发展。

教师对教学学术的理解不够深入会影响其对教学学术的重视和实施。如果教师对教学学术的概念、特征、目标、内容、方法、过程、结果等方面的认识不清晰、不准确、不全面,就难以把握教学学术的内涵和价值,就难以将教学学术与自己的教学实践相结合,就难以从教学学术中获得启发和指导,就难以从中体验乐趣和收获成就。

其次,教师对教学学术的态度不够积极。教师对教学学术的态度主要体现在对教学学术的重要性、必要性、可行性、有趣性等方面的感受和评价。访谈结果显示,有的教师认为教学学术是消极的、被动的、冷淡的、无趣的。例如,对于教学学术的重要性,教师认为其是应付评价或考核的需要,而不是提升自身的专业水平和教学效果的需要;对于教学学术的必要性,教师认为其是学校或上级的要求,而不是自己的选择或意愿;对于教学学术的可行性,教师认为其困难重重、难以实现,而不是有条件可行、有方法可行的;对于教学学术的有趣性,教师认为其枯燥乏味、无聊无趣,而不是富有挑战、充满乐趣的。

教师对教学学术的态度不够积极会影响教师对教学学术的投入和参与。如果教师对教学学术的重要性、必要性、可行性、有趣性等方面的感受和评价是消极的、被动的、冷淡的、无趣的,就难以产生对教学学术的兴趣和热情,就难以对教学学术付出时间和精力,就难以参与教学学术的培训和研讨,就难以与其他教师进行教学学术的交流和合作。

最后,教师的教学学术行为不够规范。教师的教学学术行为主要体现在对教学学术的实施和应用的方式和程度。访谈结果显示,教师的教学学术行为多呈现出随意、敷衍、模仿、片面等特征。例如,教师对教学学术的实施多是在教学之外,而不是在教学之中,多是偶尔进行,而不是经常进行,多是为了完成任务,而不是为了解决问题,多是形式主义的,而不是实质性的;教师对教学学术的应用,多是照搬照抄,而不是勇于创新,多是简单套用,而不是灵活运用,多是局部应用,而不是整体应用,多是表面应用,而不是深入应用。

教师的教学学术行为不够规范会影响教学学术的效果和价值的体现。如果教师对教学学术的实施和应用的方式和程度是随意的、敷衍的、模仿的、片面的,就难以发挥教学学术的作用和功能,就难以提高教学学术的水平和质量,就难以展示教学学术的成果和价值。

综上所述,教师教学学术的知行失调是一种普遍存在的现实问题,它反映了教师对教学学术的理解、态度、行为等方面的不足。这种现象的产生可能与教师的教学观念、教学经验、教学环境、教学评价等因素有关,会影响教师的教学学术能力的提升,也会影响教学学术的发展和推广。因此,需要从多个方面采取措施,消除教师教学学术的知行失调现象,促进教师教学学术的知行统一,提高教师教学学术的水平和质量。

2.3 教师对教学学术的需求特征

教师是教育的主体,教学学术是教师的专业素养之一。教学学术涉及教师在教学过程中运用学术的思维方式和方法对教学内容、目标、方法、评价等进行分析、探究、创新和反思,以提高教学质量和效果的能力。但是教学学术不仅是教师的个人能力,也是教师的集体智慧,是教师专业发展的重要途径,是教育改革和发展的动力和保障。因此,教学学术能力的提升是教师的内在需求,也是教师的职责和使命。教师对教学学术的需求的特征主要体现在三个方面。

2.3.1 获得系统的教学学术理论知识和技能培训

具备较高水平的教学学术能力的教师能够运用科学的教学学术理论和方法,设计和实施有效的教学活动,解决教学中遇到的各种问题,不断改进和创新自己的教学实践。因此,教师对教学学术理论知识和技能培训有着强烈的需求和渴望,希望通过系统的学习和训练,提高自己的教学学术水平和素养,促进自己的教学学术发展。

教师对教学学术理论知识和技能培训的需求，既体现了教师对教学学术的重视，也体现了教师对自身教学学术能力的自我评估和自我要求。通过培训，教师可以增强自己的教学学术自信和自主意识，可以掌握教学学术的基本原理和方法，可以学习教学学术的优秀实践案例和经验，可以提升自己的教学学术思维和能力。通过培训，教师还可以开拓自己的教学学术视野和资源，可以与其他教师交流和分享教学学术的心得和感悟，可以参与教学学术的研究和创新，可以为教学学术的发展和进步做出贡献。

为了满足教师对教学学术理论知识和技能培训的需求，有必要建立和完善教师教学学术培训的体系和机制，从多个方面进行规划和实施。首先，要明确教师教学学术培训的目标，即培养教师的教学学术能力，提高教师的教学学术水平和素养，促进教师教学学术的发展。其次，要确定教师教学学术培训的内容，即教学学术的理论知识和技能，包括教学学术的基本概念、原则、方法、策略、模式、案例、评价等。再次，要选择教师教学学术培训的形式，即教学学术的学习和训练的方式和途径，包括线上和线下的培训课程、讲座、研讨会、工作坊、沙龙、论坛、展示、辅导等。复次，要采用教师教学学术培训的方法，即教学学术的学习和训练的技术和手段，包括案例分析、示范教学、教学设计、教学实施、教学反思、教学评价、教学研究、教学创新等。最后，要建立教师教学学术培训的评价机制，即教学学术的学习和训练的效果和质量的检验和反馈，包括教师的满意度、参与度、收获度、应用度、创新度等。

教师教学学术培训应该以教师的需求为导向，以教师的发展为目标，以教师的实践为基础，以教师的参与为保障，以教师的创新为动力，以教师的满意度为标准。教师教学学术培训应该注重培养教师的教学学术思维和能力，而不仅仅是传授教学学术的知识和技能。教师教学学术培训应该注重培训的过程和结果，而不仅仅是培训的次数和时长。教师教学学术培训应该注重培训的质量和效果，而不仅仅是培训的形式和规范。只有这样，教师教学学术培训才能真正发挥其应有的作用，为教师的教学学术发展提供有效的支持和帮助，为教育的质量和水平提升提供有力的保障和推动。

2.3.2 获得与其他教师进行教学学术交流、合作的机会

无论是教学活动还是教学研究，都要求教师具备广博的教学学术视野和丰富的教学学术资源，能够与其他教师进行教学学术交流、合作，相互学习和借鉴，相互分享和交流，相互促进和提高。因此，教师对教学学术交流、合作有着强烈的需求和渴望，希望通过与其他教师的教学学术交流、合作，拓宽自己的教学学

术视野,增加自己的教学学术资源,分享自己的教学学术思想和成果,学习其他教师的教学学术观点和方法,促进自己的教学学术能力的提升和发展。

教师对教学学术交流、合作的需求,既是教师对教学学术的热情和兴趣的体现,也是教师对教学学术的开放和包容的体现。通过交流、合作,教师可以开阔和拓展自己的教学学术视野和资源,可以丰富自己的教学学术思想和成果,可以提升自己的教学学术能力和水平,可以促进自己的教学学术创新和发展。通过交流、合作,教师还可以建立和维护与其他教师的教学学术关系和网络,可以在平等和尊重的基础上,形成良好的教学学术氛围和文化,可以在共同进步和创新的基础上,推动教学学术的发展和进步。

为了满足教师对教学学术交流、合作的需求,有必要建立和完善教师教学学术交流、合作的平台和机制,从多个方面进行规划和实施。首先,要明确教师教学学术交流、合作的主体,即参与教学学术交流合作的教师,包括同校教师、同区教师、同市教师、同省教师、全国教师、国外教师等。其次,要确定教师教学学术交流、合作的对象,即教学学术交流、合作的内容和主题,包括教学学术的理论和实践、教学学术存在的问题和解决的方案、教学学术的经验和教训、教学学术的成果和评价等。再次,要选择教师教学学术交流、合作的形式,即教学学术交流、合作的方式和途径,包括线上和线下的交流会、研讨会、工作坊、沙龙、论坛、展示、辅导等。复次,要采用教师教学学术交流、合作的方法,即教学学术交流、合作的技术和手段,包括案例分析、示范教学、教学设计、教学实施、教学反思、教学评价、教学研究、教学创新等。最后,要建立教师教学学术交流、合作的评价机制,即教学学术交流、合作的效果和质量的检验和反馈,包括教师的满意度、参与度、收获度、应用度、创新度等。

教师教学学术交流、合作应该以教师的需求为导向,以教师的发展为目标,以教师的实践为基础,以教师的参与为保障,以教师的创新为动力,以教师的满意度为标准。教师教学学术交流、合作应该注重促进教师的教学学术对话和互动,而不仅仅是教师的教学学术展示和传播。教师教学学术交流、合作应该注重促进教师达成教学学术的共识,而不是教师的教学学术竞争。教师教学学术交流、合作应该注重促进教师的教学学术共享和共赢,而不是教师的教学学术独占和排他。只有这样,教师教学学术交流、合作才能真正发挥其应有的作用,为教师的教学学术发展提供有效的支持和帮助,为教育的质量和水平提升提供有力的保障和推动。

2.3.3 获得教学学术研究的资源和支持

教师在进行教学活动的同时,还要不断探索和追求教学学术的发展和创新,不断提高自己的教学学术水平和素养,不断创造和贡献教学学术的知识和价值,为学生的成长和教育的发展做出自己的努力和贡献。这就要求教师有足够的教学学术研究的资源和支持,能够为自己的教学学术研究提供必要的条件和保障,提供有效的帮助和指导,提供合理的评价和认可,提供适当的奖励和激励。因此,教师对教学学术研究的资源和支持有着强烈的需求和渴望,希望通过获得教学学术研究的资源和支持,充分和及时地满足自己的教学学术研究的需求,有效地降低自己的教学学术研究的难度和风险,有效地提高自己的教学学术研究的效率和质量,有效地展示自己的教学学术研究的成果和价值。

教师对教学学术研究的资源和支持的需求,既体现了教师对教学学术的探索和追求,也体现了教师对教学学术的责任和担当。教师通过研究可以深化自己的教学学术理论和实践,解决自己的教学学术问题和困惑,创造自己的教学学术知识和价值,推动自己的教学学术进步和发展。教师通过研究还可以增强自己的教学学术研究的意识和能力,掌握教学学术研究的方法和技巧,参与教学学术研究的项目和活动,发表教学学术研究的论文和报告,获得教学学术研究的奖励和荣誉。

为了满足教师对教学学术研究的资源和支持的需求,有必要建立和完善教师教学学术研究的体制和机制,从多个方面进行规划和实施。首先,要明确教师教学学术研究的主题,即教师教学学术研究的内容和方向,包括教学学术的理论和实践、教学学术存在的问题和解决的方案、教学学术的经验和教训、教学学术的成果和评价等。其次,要确定教师教学学术研究的范围,即教师教学学术研究的领域和层次,包括基础和应用、个体和集体、校内和校外、地方和国家、国内和国际等。再次,要选择教师教学学术研究的方法,即教师教学学术研究的技术和手段,包括教学学术的文献综述、实验设计、数据收集、数据分析、结果呈现、结论讨论、建议提出等。复次,要采用教师教学学术研究的程序,即教师教学学术研究的步骤和流程,包括教学学术的选题确定、资料查阅、方案制定、实施执行、成果总结、报告撰写、论文发表等。最后,要建立教师教学学术研究的标准,即教师教学学术研究的效果和质量的评价和反馈,包括教师的满意度、参与度、收获度、应用度、创新度等。

教师教学学术研究应该以教师的需求为导向,以教师的发展为目标,以教师的实践为基础,以教师的参与为保障,以教师的创新为动力,以教师的满意度为标准。教师教学学术研究应该注重培养教师的教学学术研究的意识和能力，而不仅仅是完成教师的教学学术研究的任务和要求。教师教学学术研究应该注重教师的教学学术研究的过程和结果，而不仅仅是教师的教学学术研究的形式和规范。教师教学学术研究应该注重教师教学学术研究的质量和效果，而不仅仅是教师教学学术研究的数量和速度。只有这样，教师教学学术研究才能真正发挥其应有的作用，为教师的教学学术发展提供有效的支持和帮助，为教育的质量和水平提升提供有力的保障和推动。

第3章　影响教师教学学术提升的五要素模型

教师是教育的主体,教学是教师的核心职能,学术是教师的灵魂。教学学术不仅关系到教师自身的发展和成就,也关系到学生的学习和成长,更关系到教育的质量和效果。因此,教学学术的提升是教师教育和教师发展的重要课题,也是教育改革和教育创新的关键因素。然而,教师教学学术的提升是一个复杂的过程,受到多种因素的影响。这些因素包括教师的教学个性心理特征、教育背景、专业领域等内部因素,也包括教师的工作环境、教师所处的社会文化等外部因素。这些因素之间相互作用和相互影响,构成了教师教学学术提升的动态系统。如何分析和理解这些因素,如何把握和利用这些因素,是教师教学学术提升的关键问题。影响教师教学学术提升的五要素模型旨在回答这些问题,该模型由教师的教学个性心理特征、教育背景、专业领域、工作环境和所处的社会文化组成,是一个具有综合性、系统性、动态性和开放性的模型。本书的主要研究目的就是通过这个模型,为教师教学学术提升的研究和实践提供理论框架和实践指南,帮助教师提升教学学术水平、教学质量和效果,提高教学满意度和自豪感,实现教学目标和价值,贡献教学成果并产生有益影响。

3.1　五要素模型的构成

影响教师教学学术提升的五要素模型由五个核心要素和四组主要关系组成,下面分别进行阐述。

3.1.1　模型的五个核心要素

影响教师教学学术提升的五要素模型包含五个核心要素,分别是教师的教学个性心理特征、教师的教育背景、教师的专业领域、教师的工作环境及教师所处的社会文化。

要素一:教师的教学个性心理特征。

教师的教学个性心理特征是教师教学学术提升的内部要素,指的是教师在教学活动中所表现出的个性化的心理特征，包括教师的教学信念、教学认知、教学态度、教学责任、教学信心、教学兴趣、教学动机等。这些特征反映教师对教学的认知、情感和评价，影响教师的教学目标、教学方法、教学效果和教学反思。教师的教学个性心理特征是教师教学学术提升的主观基础和动力源泉。

教学信念是指教师对教学和学习的本质、目的、过程和结果所持有的观念和看法，它是教师教学行为的内在动力和指导原则。教师的教学信念可以分为教学观、学习观、知识观、评价观等，它们构成了教师的教学理念和教学风格。教师的教学信念对教学学术的提升有重要的影响，因为其决定了教师是否愿意接受和尝试新的教学理念和方法，是否能够反思和改进自己的教学实践，是否能够与同行交流、合作，以及是否能够关注和满足学生的学习需求。

教学认知是指教师对教学和学习的规律、原理、策略和技巧所具有的知识和理解，它是教师教学行为的基础和保障。教师的教学认知可以分为教学内容知识、教学过程知识、教学情境知识等，它们构成了教师的教学专业知识和教学专业技能。教师的教学认知对教学学术的提升有重要的影响，因为其决定了教师是否能够有效地设计和实施教学活动，是否能够灵活地运用和调整教学策略和技巧，是否能够准确地评估和反馈教学效果，以及是否能够不断地更新和拓展自己的教学知识和技能。

教学态度是指教师对教学和学习的价值、意义、重要性所表现出来的情感和情绪，它是教师教学行为的鞭策和勉励。教师的教学态度可以分为教学热情、教学满意、教学自豪、教学乐观等，它们构成了教师的教学情感和教学情绪。教师的教学态度对教学学术的提升有重要的影响，因为其决定了教师是否能够积极地参与和投入教学活动，是否能够享受和珍惜教学过程，是否能够自信和自豪地展示和分享自己的教学成果。

教学责任是指教师对教学和学习的目标、标准、规范和要求所表现出来的认同和承担，它是教师教学行为的原则和约束。教师的教学责任可以分为教学职业道德、教学质量保证、教学社会责任等，它们构成了教师的教学规范和教学评价。教师的教学责任对教学学术的提升有重要的影响，因为其决定了教师是否能够遵守和尊重教学的规则和伦理，是否能够追求和保障教学的质量和效果，是否能够关注和回应教学的社会效益和公共利益。

教学信心是指教师对教学和学习的能力、水平、效果和成就所表现出来的自信和自尊，它是教师教学行为的支撑和动力。教师的教学信心可以分为教学自我效能、教学自我评价、教学自我满足等，它们构成了教师的教学自我认识和教学自我发展。教师的教学信心对教学学术的提升有重要的影响，因为其决定了教师是否能够克服和应对教学的困难和挑战，是否能够客观和准确地评估自己的教学表现，是否能够实现和超越自己的教学期望和目标。

教学兴趣是指教师对教学和学习的内容、方法、过程和结果所表现出来的兴趣和喜好，它是教师教学行为的动机和激励。教师的教学兴趣可以分为教学内在兴趣、教学外在兴趣、教学个人兴趣、教学情境兴趣等，它们构成了教师的教学动机和教学选择。教师的教学兴趣对教学学术的提升有重要的影响，因为其决定了教师是否能够主动和积极地参与教学活动，是否能够持续和深入地探索教学内容和方法，是否能够灵活和多样地调整教学过程和结果，以及是否能够享受和珍惜教学经验和收获。

教学动机是指教师对教学和学习的目标、价值、意义和效果所表现出来的动机和愿望，它是教师教学行为的动力和方向。教师的教学动机可以分为教学内部动机、教学外部动机、教学掌控动机、教学归属动机等，它们构成了教师的教学目标和教学价值。教师的教学动机对教学学术的提升有重要的影响，因为其决定了教师是否能够坚持和完成教学任务，是否能够认同和实现教学目标，是否能够掌控和优化教学效果，以及是否能够融入教学社区。

综上所述，教师的教学个性心理特征是教师教学学术提升的内在因素，其反映教师对教学学术的价值观和目标导向，影响教师对教学学术的态度和行为。

要素二：教师的教育背景。

教师的教育背景是教师教学学术提升的基础要素，指的是教师在接受教育的过程中所获得的知识、技能、经验和素养，包括教师的学历、学位、专业、培训、教学经验等。这些背景反映了教师的教育水平、教育质量、教育能力和教育成就，影响教师的教学内容、教学形式、教学质量和教学创新。教师的教育背景是教师教学学术提升的客观条件和保障，是教师教学学术提升的基础层。下面分别对教师的专业、培训、教学经验等加以介绍。

教师的专业是指教师在教育系统中所学习和研究的一些学科和领域，如数学、物理、化学、生物、语文、英语、历史、地理、音乐、美术等，它们反映了教师的教学内容和教学方法的特点和要求。教师的专业对教学学术的提升有重要的影响，因为其决定了教师的教学内容的深度和广度，教师的教学知识的结构和组织，以及教师的教学技能的运用和发展。

教师的培训是指教师在教育系统中所参与的一些教育和培训的活动，如课程、研讨会、讲座、工作坊、项目等，它们反映了教师的教学更新和教学改进的途径和机会。教师的培训对教学学术的提升有重要的影响，因为其决定了教师的教学信息的获取和交流，教师的教学观念和教学策略的转变和创新，以及教师的教学实践和教学反思的进行。

教师的教学经验是指教师在教育系统中所积累的教学和学习的经验,如教学时间、教学次数、教学对象、教学环境、教学问题、教学效果等方面的经验,它们反映了教师的教学能力和教学水平的发展和变化。教师的教学经验对教学学术的提升有重要的影响,因为其决定了教师的教学智慧和教学技巧的积累和运用,教师的教学自信心和教学满意度的提高和维持,以及教师的教学问题的发现和教学手段的改进。

教师的教育背景是教师教学学术提升的基础因素,它决定教师的教学知识和技能的基础和水平,影响教师的教学学术的能力和效果。

要素三:教师的专业领域。

教师的专业领域是教师教学学术提升的内容要素,指的是教师的教学领域与内容,包括教师的专业知识、专业技能、专业理论、专业方法等。这些领域反映了教师的教学专业性、教学专长、教学专注和教学专业发展,影响教师的教学深度、教学广度、教学高度和教学前沿。教师的专业领域是教师教学学术提升的核心内容和关键要素,是教师教学学术提升的内容层。

教师的教学领域与内容决定了教师在教学活动中所传授和探讨的知识、概念、理论、原理、规律、事实、数据等,它是教师教学行为的核心和基础。教师的教学内容受到教师的专业领域的影响,因为教师的专业领域决定了教师的教学内容的深度和广度,教学内容的结构和组织,以及教学内容的更新和拓展。教师的专业领域决定教师的教学内容和方法的选择和变化,影响教师的教学学术的创新和适应。

要素四:教师的工作环境。

教师的工作环境指的是教师在教学活动中所面对的教学对象、教学场所、教学资源和教学评价,包括学校文化、学校制度、学校支持、同事合作、学生反馈等,是教师教学行为发生的氛围和条件。教师的工作环境反映教师的教学对象、教学需求、教学支持和教学反馈,影响教师的教学适应、教学合作、教学服务和教学效果。

学校文化是指教师所在的学校具有的教育和学术的价值、理念、信念、规范、传统、氛围等,它是教师之间教学行为的背景。学校文化对教师教学学术的提升有重要的影响,因为其决定教师的教学目标和导向,影响教师的教学信念和教学态度,以及教师的教学责任和教学评价。

学校制度是指教师所在的学校制定和实施的教育和学术的政策、规则、程序、标准、要求等,它是教师教学行为的框架和约束。学校制度对教师教学学术的提升有重要的影响,因为其决定教师的教学任务和负担,影响教师的教学时间和空间,以及教师的教学自主和教学创新。

学校支持是指教师所在的学校提供和保障的教育和学术的资源、设施、服务、奖励、保护等,它是教师教学行为的支持和保障。学校支持对教师教学学术的提升有重要的影响,因为其决定教师的教学条件和机会,影响教师的教学能力和效果,以及教师的教学满意度和教学成就。

同事合作是指教师与所在的学校的其他教师之间的教育和学术的交流、协作、互助、共享等,它是教师之间教学行为的合作和互动。同事合作对教师教学学术的提升有重要的影响,因为其决定教师的教学信息和教学资源,影响教师的教学观念和教学方法,以及教师的教学反思和教学改进。

学生反馈是指教师从所教授的学生那里获得的教育和学术的反馈、评价、建议、感受等,它是教师教学行为的反馈和评价。学生反馈对教师教学学术的提升有重要的影响,因为其决定教师的教学效果和教学质量,影响教师的教学信心和教学自豪,以及教师的教学问题的发现及解决。

教师的工作环境是教师教学学术提升的环境因素,它决定教师的教学氛围和条件,影响教师教学学术的参与和发展。

要素五:教师所处的社会文化。

教师所处的社会文化是教师教学学术提升的外部要素,指的是教师所生活和工作的社会和文化的环境和条件,如社会价值、社会需求、社会变革、社会资源等。教师所处的社会文化反映了教师的社会认同、社会影响、社会压力和社会奖励,影响了教师的社会适应、社会参与、社会服务和社会效果。教师所处的社会文化是教师教学学术提升的外部环境和影响因素,是教师教学学术提升的结果维度。

社会价值是指教师所认同和追求的社会和文化的价值、理念、信念、规范、传统等,它是教师教学行为的动机和方向。社会价值对教师教学学术的提升有重要的影响,因为其决定了教师的教学目标和教学价值,教师的教学动机和教学选择,以及教师的教学责任和教学评价。

社会需求是指教师所关注和回应的社会和文化的需求、期望、挑战、问题等,它是教师教学行为的目的和意义。社会需求对教师教学学术的提升有重要的影响,因为其决定了教师的教学内容和教学方法的适应和变化,教师的教学创新和教学改进,以及教师的教学效果和教学质量。

社会变革是指社会中发生的导致社会结构、功能和关系发生变化的过程,它反映了社会的动态、变迁。社会变革对教师的教学学术水平有重要的影响,因为其决定了教师的教学环境、教学挑战和教学机遇的变化。不同的社会变革对教师的教学学术有不同的影响和启示，教师需要根据社会变革来更新自己的教学观念和策略，以适应社会的变化和发展。

社会资源是指教师所获取和利用的社会和文化的设施、服务、网络、机构等，它是教师教学行为的资源和机会。社会资源对教师的教学学术的提升有重要的影响，因为其决定了教师的教学条件和机会，教师的教学能力和效果，以及教师的教学支持和教学合作。

教师所处的社会文化是教师教学学术提升的目标因素，它决定教师的教学目标和导向，影响教师的教学学术的意义和贡献。

3.1.2 模型内部的主要关系

影响教师教学学术提升的五要素模型的五个核心要素可以概括为两个因素、三个层面和四个维度。两个因素概括了影响教学学术提升的内部因素和外部因素，三个层面代表了影响教学学术提升的各因素之间的层次关系，分别是基础层、内容层和目标层，四个维度代表了影响教学学术提升的循环关系，分别是认知维度、情感维度、行为维度和结果维度。此外，由于模型本身的系统性和开放性特征，其还包括贯穿模型的各要素之间的输入、过程、输出和反馈的关系，由此形成了影响教师教学学术提升的四组主要关系：内部因素和外部因素之间的关系；基础层、内容层和目标层之间的关系；认知维度、情感维度、行为维度和结果维度之间的关系；输入、过程、输出和反馈之间的关系。

首先，五要素可以概括为内部因素和外部因素两类。内部因素是指教师自身的特征，如教学个性心理特征、教育背景、专业领域等；外部因素是指教师所处的环境，如工作环境、社会文化等。内部因素和外部因素之间存在着相互作用和相互影响的关系，它们共同影响教师教学学术的提升。内部因素是教师教学学术提升的内在动力和基础，反映教师对教学学术的价值观和目标导向，影响教师对教学学术的态度和行为。外部因素是教师教学学术提升的外在条件和机会，它们决定教师的教学氛围和条件，影响教师的教学学术的参与和发展。

内部因素和外部因素之间的关系指的是教师的教学个性心理特征和教师所处的社会文化之间的关系，以及教师的教育背景和教师的工作环境之间的关系。这些关系反映了教师教学学术提升的主体性和客观性，以及教师教学学术提升的自主性和依赖性，影响教师教学学术提升的动力和条件，以及教师教学学术提升的难度和可能性。教师的教学个性心理特征和教师所处的社会文化之间的关系是教师教学学术提升的输入和输出之间的关系，教师的教育背景和教师的工作环境之间的关系是教师教学学术提升的过程和反馈之间的关系。

具体来说,内部因素和外部因素之间存在着双向的影响,即内部因素受到外部因素的影响,外部因素也受到内部因素的影响。例如,教师的教学信念与学校文化相互影响;教师的教学认知与学校制度相互影响;教师的教学态度与学校支持相互影响;教师的教学责任与社会价值相互影响;教师的教学信心与学生反馈相互影响;教师的教学兴趣与社会需求相互影响;教师的教学动机与社会变革相互影响;教师的学历和学位与社会资源相互影响;教师的专业与同事合作相互影响;教师的培训与教师的工作环境相互影响。

其次,五要素可以分为基础层、内容层和目标层三层。基础层是指教师教学学术的基础和水平,它包括教师的教学个性心理特征和教育背景;内容层是指教师教学学术提升的内容和方法,它包括教师的专业领域和工作环境;目标层是指教师教学学术提升的目标和导向,它包括教师所处的社会文化。基础层、内容层和目标层之间存在着层次的关系,即基础层支撑内容层、内容层实现目标层、目标层反馈基础层。

基础层、内容层和目标层之间的关系是教师教学学术提升的层次之间的关系,指的是教师的教育背景、教师的专业领域和教师的工作环境之间的关系。这些关系反映教师教学学术提升的基础性、内容性和目标性,以及教师教学学术提升的先决条件、核心内容和实际目标,影响教师教学学术提升的质量和效果,以及教学学术提升的水平和成就。教师的教育背景、教师的专业领域和教师的工作环境之间的关系是教师教学学术提升的垂直的关系,体现了教师教学学术提升的层次性和递进性。

基础层、内容层和目标层之间存在着双向的影响,即基础层影响内容层和目标层,内容层和目标层也影响基础层。例如,教师的教学个性心理特征和教育背景影响教师的专业领域和工作环境,教师的专业领域和工作环境也影响教师的教学个性心理特征和教育背景;教师的教学个性心理特征和教育背景影响教师所处的社会文化,教师所处的社会文化也影响教师的教学个性心理特征和教育背景;教师的专业领域和工作环境影响教师所处的社会文化,教师所处的社会文化也影响教师的专业领域和工作环境。

再次,五要素还可以分为认知维度、情感维度、行为维度和结果维度四个维度。认知维度是指教师教学学术提升的知识和理解,它包括教师的教学信念和教学认知;情感维度是指教师教学学术提升的情感和情绪,它包括教师的教学态度和教学信心;行为维度是指教师教学学术提升的行为和技能,它包括教师的教学责任和教学兴趣;结果维度是指教师教学学术提升的效果和成就,它包括教师的教学动机。认知维度、情感维度、行为维度和结果维度之间存在着循环的关系,即认知维度影响情感维度,情感维度影响行为维度,行为维度影响结果维度,结果维度影响认知维度。

认知维度、情感维度、行为维度和结果维度之间的循环的关系,指的是教师的教学个性心理特征、教育背景、专业领域、工作环境和教师所处的社会文化之间的关系。这些关系反映了教师教学学术提升的认知性、情感性、行为性和结果性,以及教师教学学术提升的输入、过程、输出和反馈,影响教师教学学术提升的启动、实施、完成和评估。教师的教学个性心理特征、教育背景、专业领域、工作环境和教师所处的社会文化之间的关系是教师教学学术提升的水平的关系,体现了教师教学学术提升的循环性和持续性。

认知维度、情感维度、行为维度和结果维度之间存在着双向的影响,即认知维度与情感维度相互影响;情感维度与行为维度相互影响;行为维度与结果维度相互影响;结果维度与认知维度相互影响。例如,教师的教学信念和教学认知影响教师的教学态度和教学信心,教师的教学态度和教学信心也影响教师的教学信念和教学认知;教师的教学态度和教学信心影响教师的教学责任和教学兴趣,教师的教学责任和教学兴趣也影响教师的教学态度和教学信心;教师的教学责任和教学兴趣影响教师的教学动机,教师的教学动机也影响教师的教学责任和教学兴趣;教师的教学动机影响教师的教学信念和教学认知,教师的教学信念和教学认知也影响教师的教学动机。

最后,贯穿模型的是各要素之间的输入、过程、输出和反馈的关系。这组关系将前面三组关系的元素和关系综合在一起,形成了一个影响教师教学学术提升的五要素系统。这个系统的情感是教师的教学态度和教学信心,它们是系统的情感和情绪,也是系统的内部因素和情感维度。这个系统的各个部分之间存在着多方面的、相互作用的、层次的和循环的关系,它们共同影响教师教学学术提升的效果和成就。这些关系反映了教师教学学术提升的结构、功能、状态、行为、效果和成就,以及教师教学学术提升的输入、过程、输出和反馈,影响教师教学学术提升的组织、运行、优化和创新。教师教学学术提升的影响因素之间的关系,以及教师教学学术提升的特征、规律、效果和成就之间的关系是教师教学学术提升的整体的关系,体现了教师教学学术提升的系统性和科学性。

3.2 五要素模型的特点

影响教师教学学术提升的五要素模型具有综合性、系统性、动态性和开放性的特点。

3.2.1 综合性

五要素模型综合了教师教学学术提升的多个影响因素,从多个角度和维度分析了教师教学学术提升的问题,提供了全面和深入的理解和解释。这个模型不仅考虑了教师自身的内部因素,如教师的教学个性心理特征,也考虑了教师所处的外部因素,如教师所处的社会文化;不仅考虑了教师教学学术提升的基础因素,如教师的教育背景,也考虑了教师教学学术提升的目标因素,如教师的工作环境;不仅考虑了教师教学学术提升的内容因素,如教师的专业领域,也考虑了教师教学学术提升的结果因素,如教师所处的社会文化。这个模型还从认知维度、情感维度、行为维度和结果维度,以及输入、过程、输出和反馈等方面,对教师教学学术提升进行了多维度的刻画和描述。这个模型的综合性特点使得它能够涵盖教师教学学术提升的各个方面和层面,能够反映教师教学学术提升的复杂性和多样性,能够展示教师教学学术提升的全貌和本质。

3.2.2 系统性

五要素模型将教师教学学术提升的影响因素视为一个整体和系统,从结构、功能、状态、行为、效果、成就等方面分析了教师教学学术提升的特征和规律,提供了有序和科学的描述和预测。这个模型不仅分析了教师教学学术提升的各个影响因素本身的特点和作用,也分析了教师教学学术提升的各个影响因素之间的相互作用和相互影响,以及教师教学学术提升的各个影响因素与教师教学学术提升的特征、规律之间的相互关系。这个模型还从层次的关系、循环的关系和系统的关系等方面,对教师教学学术提升进行了系统性的构建和设计。这个模型的系统性特点使得它能够把握教师教学学术提升的整体性和关联性,能够反映教师教学学术提升的有序性和科学性,能够展示教师教学学术提升的结构和功能。

3.2.3 动态性

五要素模型强调教师教学学术提升的影响因素的动态和变化,从发展、改善等方面分析了教师教学学术提升的过程和结果,提供了灵活和创新的指导和建议。这个模型不仅考虑了教师教学学术提升的影响因素的静态和稳定,也考虑了教师教学学术提升的影响因素的动态和变化,如教师的教学个性心理特征的变化、教师的教育背景的更新、教师的专业领域的拓展、教师的工作环境的改变、教师所处的社会文化的变迁等。这个模型还从启动、实施、完成和评估等方面,对教师教学学术提升进行了动态性的规划和实施。这个模型的动态性特点使得它能够适应教师教学学术提升的变化和发展,能够反映教师教学学术提升的灵活性和创新性,能够展示教师教学学术提升的过程和结果。

3.2.4 开放性

五要素模型考虑了教师教学学术提升的影响因素的开放和复杂,从条件、机会、挑战、问题等方面分析了教师教学学术提升的环境和影响,提供了适应和变革的策略和方法。这个模型不仅考虑了教师教学学术提升的影响因素的封闭和简单,也考虑了教师教学学术提升的影响因素的开放和复杂,如教师的教学个性心理特征的多样性、教师的教育背景的多元性、教师的专业领域的多维性、教师的工作环境的多变性、教师所处的社会文化的多重性等。这个模型还从适应、参与、服务和效果等方面,对教师教学学术提升进行了开放性的调整和优化。这个模型的开放性特点使得它能够应对教师教学学术提升的环境和影响,能够反映教师教学学术提升的适应性和变革性,能够展示教师教学学术提升的策略和方法。

3.3 五要素模型的功能

影响教师教学学术提升的五要素模型具有分析、指导、改进和创新四种功能。

3.3.1 分析功能

五要素模型可以用来分析教师教学学术提升的现状和问题,找出教师教学学术提升的影响因素及其逻辑关系,识别教师教学学术提升的优势和劣势,评估教师教学学术提升的效果和成就。这个模型可以帮助教师和研究者从多个角度和维度,对教师教学学术提升进行全面和深入的分析,发现教师教学学术提升的影响因素的特点和作用,以及教师教学学术提升的特征和规律。这个模型的分析功能可以为教师教学学术提升的研究和实践提供清晰的现状和问题的数据,为教师教学学术提升措施的改进和创新提供有效的依据和参考。

3.3.2 指导功能

五要素模型可以用来指导制订教师教学学术提升的计划和策略,明确教师教学学术提升的目标和导向,选择教师教学学术提升的内容和方法,推进教师教学学术提升的行为和技能。这个模型可以帮助教师从多个角度和维度,对教师教学学术提升进行有针对性和有方向性的指导,确定教师教学学术提升的合理和可行的目标和导向,选择教师教学学术提升的适合和有效的内容和方法。这个模型还可以从多个层面和方面对教师教学学术提升的措施进行有序的落实,对教师教学学术提升的行为和技能进行有效的推进。这个模型的指导功能可以为教师教学学术提升的研究和实践提供明确的计划和策略,为教师教学学术提升措施的改进和创新提供有效的内容和方法。

3.3.3 改进功能

五要素模型可以用来改进教师教学学术提升的过程和结果,监测教师教学学术提升的状态和行为,反馈教师教学学术提升的效果和成就,解决教师教学学术提升的问题和困难,优化教师教学学术提升的条件和机会。这个模型的改进功能可以为教师教学学术提升的研究和实践提供及时的监测和反馈,为教师教学学术提升措施的改进和创新提供有效的优化路径。

3.3.4 创新功能

五要素模型可以用来创新教师教学学术提升的内容和方法,探索教师教学学术提升的新领域和新方向,尝试教师教学学术提升的新策略和新技巧,提出教师教学学术提升的新形式和新方式。这个模型可以帮助教师从多个角度和维度,对教师教学学术提升进行创新和突破,探索教师教学学术提升的新领域和新方向,如教师的教学个性心理特征、教育背景、专业领域、工作环境和教师所处的社会文化的突破等。这个模型还可以帮助教师从多个层面和方面,尝试教学学术提升的新策略和新技巧,如教师的教学目标、教学方法、教学效果、教学反思的创新等。这个模型的创新功能可以为教师教学学术提升的研究和实践提供创新的内容和方法,为教师教学学术提升措施的改进和创新提供创新性的过程和结果。

3.4 五要素模型的意义

五要素模型为教师教学学术提升的研究提供了理论框架和理论基础,可以帮助研究者探索和解释教师教学学术提升的本质和规律,深化和开阔教师教学学术提升的理论知识和理论视野。这个模型不仅综合了教师教学学术提升的多个影响因素，构建了一个较为全面和深入的理论模型，也阐明了教师教学学术提升的各个影响因素之间的相互关系，设计了一个有序和科学的理论系统。这个模型考虑了教师教学学术提升的影响因素，对教师教学学术提升的影响因素的变化和发展进行了动态化处理，规划了灵活和创新的理论过程，形成了一种具有适应性和变革性的理论策略。因此，这个模型的理论意义在于它能够为教师教学学术提升的研究提供全新的视角和思路，提供有效的工具和方法、丰富的内容和范畴。

五要素模型为教师教学学术提升的实践提供了实践指南和实践工具，可以帮助教师诊断和评估自己的教学学术提升的现状和问题，制订和实施教学学术提升的计划和策略，监测和反馈教学学术提升的效果和成就。这个模型不仅可以分析教学学术提升的各个影响因素的特点和作用，帮助教师了解和利用自己的教学个性心理特征、教育背景、专业领域、工作环境和所处的社会文化，还可以分析教师教学学术提升的各个影响因素之间的相互关系，帮助教师协调和优化自己的教学个性心理特征、教育背景、专业领域、工作环境和所处的社会文化。这个模型还阐明了教师教学学术提升的过程和结果，帮助教师监测和反馈自己的教学学术提升的效果和成就。因此，这个模型的实践意义在于它能够为教师教学学术提升的实践提供具体的目标和导向，提供有效的内容和方法、可行的过程和目的。

五要素模型为教师教学学术提升提供了政策依据和政策建议，可以帮助政策制定者分析和了解教师教学学术提升的需求和期望，制定和实施教师教学学术提升的政策和规划，支持和保障教师教学学术提升的资源和条件。这个模型不仅综合了教师教学学术提升的多个影响因素，反映了教师教学学术提升的多元性和多样性，也阐明了教师教学学术提升的各个影响因素之间的相互关系，反映了教师教学学术提升的整体性和关联性。这个模型还动态展示了教师教学学术提升的影响因素的变化和发展，反映了教师教学学术提升的灵活性和创新性，体现了教师教学学术提升的适应性和变革性。这个模型的政策意义在于它能够为教师教学学术提升的政策制定提供全面的分析和依据，提供有效的支持和保障。

总之，影响教师教学学术提升的五要素模型具有广阔的理论和实践应用前景，这是由该模型的综合性、系统性、动态性和开放性的特征所决定的。然而，需要注意的是，当前该模型只是一个理论性的模型，尚未经过实证性的验证和检验，因此，它的适用性和有效性还有待于进一步的研究和实践来证明和完善。

第4章　教学个性心理特征对教学学术提升的影响

教学个性心理特征是指教师在教学实践中所表现出的心理、情感、态度、信念、兴趣、动机等方面的特点，主要表现为教师个体所持有的教学信念、教学认知、教学态度、教学责任、教学信心、教学兴趣、教学动机等，这些特征反映了教师对教学学术的价值观和目标导向，影响教师对教学学术的态度和行为。教师的教学个性心理特征与教学学术的关系是复杂的、动态的，既相互作用，又相互影响，既有因果关系，又有反馈关系。教师的教学个性心理特征可以促进或阻碍教学学术的发展，教学学术的发展也可以改变或强化教师的教学个性心理特征。因此，研究教师的教学个性心理特征对教学学术水平提升的影响，对于理解教师的教学学术发展规律、提高教师的教学学术能力、促进教师的专业成长，具有重要的理论和实践意义。本章将从教学信念、教学认知、教学态度、教学责任、教学信心、教学兴趣、教学动机七个方面，分析教师的教学个性心理特征对教学学术水平提升的影响机制和路径，并提出相应的建议，以期为提升教师的教学学术水平提供理论和实践的参考。

教师在教学中会形成自己的心理特点，体现在教学的看法、感受、态度、信念、兴趣、动机等方面。心理特点反映了教师的教学价值观和目标，影响教师的教学行为。教师的心理特点和教学水平是互相影响的，有时候是正面的，有时候是负面的。教师的心理特点可以促进或阻碍教学水平的提高，教学水平的提高也可以改变或强化教师的心理特点。所以，研究教师的心理特点对教学水平的影响，对于理解和提高教师的教学能力、促进教师的专业发展是很有意义的。

4.1　教学信念对教学学术提升的影响

教师如何看待教学学术会影响教师的教学水平，这就是教学信念的作用。教学信念包括教师对教育教学的目的、内容、方法、评价等方面的看法、观念。教学信念是形成教师的心理特点的重要组成部分，也是教师的教学行为的内在动力和指导原则。

首先,教学信念影响教师的教学目标和教学策略。教师的教学信念决定了教师对教学的价值取向和期望水平,从而影响教师制定的教学目标和选择的教学策略。教师的教学目标和教学策略又直接影响教学的效果和质量,进而影响教师的教学水平。一般来说,教师的教学信念越是符合教育规律和学生发展规律,教师制定的教学目标越具有挑战性和可实现性,教师选择的教学策略越多样和有效,教师的教学水平就越高。比如,教师如果认为教学的目的是培养学生的创新能力和综合素质,那么教师就会制定能激发学生的主动性和创造性的教学目标,选择能促进学生探究和合作能力发展的教学策略,从而提高教学的效果和质量。

其次,教学信念影响教师的教学反思和教学研究。教师的教学信念决定了教师对教学的认识和态度,从而影响教师对教学的反思和研究。教师的教学反思和教学研究是教师提高教学水平的重要途径,它们可以帮助教师检验和改进教学信念,更新和丰富教学知识,提出和创新教学方法,保证和提高教学质量,提升和发展教学能力。一般来说,教师的教学信念越是开放和灵活,教师对教学的反思和研究就越是积极和深入,教师的教学水平就越高。比如,教师如果认为教学是一个不断学习和改进的过程,那么教师就会经常对自己的教学进行反思和评价,寻找教学中的问题和不足,参与教学研究和交流,学习和借鉴教学理论和实践,从而提高教学水平。

最后,教学信念影响教师的教学创新和教学分享。教师的教学信念决定了教师对教学的需求和动机,从而影响教师的教学创新和教学分享。教师的教学创新和教学分享是教师教学水平提高的重要表现,可以帮助教师突破教学困境,解决教学问题,开阔教学视野,丰富教学经验,增强教学信心,激发教学兴趣,提高教学满意度。一般来说,教师的教学信念越是积极和主动,教师的教学创新和教学分享就越是频繁和广泛,教师的教学水平就越高。比如,教师如果认为教学是一个不断变化和适应的过程,那么就会根据教学的实际情况,尝试和应用新的教学方法和技术,创新和改进教学案例和材料,分享和交流教学经验和心得,从而提高教学水平。

总之,教师的教学信念对教师的教学水平有着重要的影响,教师应该树立正确的教学信念,认识到教学的本质和目的,坚持以学生为本、以学习为中心、以发展为导向、以创新为动力、以质量为保证的教学理念,从而提高教学效果和质量。

4.2 教学认知对教学学术提升的影响

教师要想提高教学学术水平就要有较高的教学认知水平。教学认知是指教师对教学的知识、理解和思维，它是形成教师的心理特点的重要组成部分，也是教师的教学行为的认知基础。

首先，教学认知影响教师的教学内容和教学过程。教师的教学认知决定了教师对教学的目标、内容、方法、评价等方面的选择和安排，从而影响教学的内容和过程。教师的教学内容和教学过程直接影响教学的效果和质量，进而影响教师的教学水平。一般来说，教师的教学认知越是科学和系统，教师安排的教学内容越是符合学科特点和学生需求，教师采用的教学过程越是有效和高效，教师的教学水平就越高。比如，教师如果对教学目标有清晰的认知，就会根据学科的核心素养和学生的实际水平，制定出合适的教学目标，而不是盲目地追求高分或者降低标准；教师如果对教学内容有系统的认知，就会根据学科的知识结构和学生的认知规律，安排合理的教学内容，而不是随意地增减或者跳跃；教师如果对教学方法有有效的认知，就会根据教学目标和内容，选择适合的教学方法，而不是一味地使用传统或者新颖的方法；教师如果对教学评价有科学的认知，就会根据教学过程和效果，进行公正的教学评价，而不是仅仅依靠考试或者感觉。

其次，教学认知影响教师的教学创新和教学研究。教师的教学认知决定了教师对教学的理解和判断，从而影响教师的教学创新和教学研究。教师的教学创新和教学研究是教师提高教学水平的重要途径，可以帮助教师突破教学困境，解决教学问题，开阔教学视野，丰富教学经验，增强教学信心，激发教学兴趣，提高教学满意度 。一般来说，教师的教学认知越是深刻和广博，教师的教学创新和教学研究就越是勇敢和主动，教师的教学水平就越高。比如，教师如果对教学有深刻的认知，就会在教学中发现和提出有价值的问题，而不是满足于现状或者重复他人的成果；教师如果对教学有广博的认知，就会在教学中运用和探索有意义的教学方法和技术，而不是固守于旧有或者流行的教学方式。

最后，教学认知影响教师的教学反思和教学分享。教师的教学认知决定了教师对教学的评价和改进，从而影响教师的教学反思和教学分享。教师的教学反思和教学分享是教师教学水平提高的重要表现，可以帮助教师检验和完善教学认知，更新和丰富教学知识，提升和创新教学方法，保证和提高教学质量，提升和发展教学能力。一般来说，教师的教学认知越是清晰和自信，教师的教学反思和教学分享就越是频繁和广泛，教师的教学水平就越高。比如，教师如果对教学评价有清晰的认知,就会在教学后对自己的教学进行客观和全面的反思,找出教学中的优点和不足,制订改进的计划,而不是盲目地自满或者自责;教师如果对教学的改进有自信的认知,就会在教学中实施和检验自己的改进方案,分享和交流自己的教学经验,而不是畏缩或者独善其身。

总之,教师的教学认知对教师的教学水平有着重要的影响,教师应该建立正确的教学认知,不断完善和发展教学认知。此外,教师还应该更新自己的教学认知,掌握教学的基本规律和原则,了解教学的新趋势和新方法,熟悉教学的新技术和新工具,从而提高教学水平和能力。

4.3 教学态度对教学学术提升的影响

教学态度是教师对教学的感情、看法和价值观。教师的教学态度是形成教师的心理特点的重要组成部分,也是教师的教学行为的情感基础。

首先,教师的教学态度影响教师的教学投入和教学效率。教师的教学态度决定了教师对教学的热情和投入程度,从而影响教师的教学效率和教学质量,教师的教学效率和教学质量又直接影响教师的教学水平。一般来说,教师的教学态度越是积极和乐观,教师对教学的投入程度和效率就越高,教师的教学水平就越高。比如,教师如果对教学充满了热爱和兴趣,就会在教学中全身心地投入,用心地准备,认真地执行,及时地反馈,从而提高教学效率和质量。相反,教师如果对教学缺乏热情和兴趣,就会在教学中敷衍了事,随意地准备,马虎地执行,延迟地反馈,导致降低教学效率和质量。

其次,教师的教学态度影响教师的教学改进和教学创新。教师的教学态度决定了教师对教学的评价和反馈,从而影响教师的教学改进和创新。教师的教学改进和创新是教师提高教学水平的重要途径,可以帮助教师解决教学问题,提高教学效果,拓展教学领域,丰富教学经验,增强教学信心,激发教学兴趣,提高教学满意度。一般来说,教师的教学态度越是开放和包容,教师对教学的改进和创新就越是主动和有效,教师的教学水平就越高。比如,教师如果对教学持有进取和创新的态度,就会在教学中不断地尝试和探索,寻求和接受教学反馈和建议,改进和创新教学方法和技术,从而提高教学水平。相反,教师如果对教学持有保守和固执的态度,就会在教学中停滞不前,拒绝和忽视教学反馈和建议,坚持和重复旧的教学方法和技术,导致降低教学水平。

最后,教师的教学态度影响教师的教学合作和教学分享。教师的教学态度决定了教师的教学交流和学习,从而影响教师的教学合作和分享。教师的教学合作和分享是教师教学水平提高的重要表现,可以帮助教师拓宽教学视野,学习教学经验,交流教学思想,构建教学共同体,促进教学发展和创新。一般来说,教师的教学态度越是友好和开放,教师的教学合作和分享就越是频繁和广泛,教师的教学水平就越高。比如,教师如果对教学持有合作和分享的态度,就会在教学中与同事、学生进行有效的沟通和协作,分享和交流自己的教学经验和心得,学习和借鉴他人的教学优点和方法,从而提高教学水平。相反,教师如果对教学持有孤立和自私的态度,就会在教学中与同事、学生对抗,隐藏和保留自己的教学经验和心得,否定和排斥他人的教学优点和方法,导致教学水平的降低。

综上所述,教师的教学态度对教师的教学水平有着重要的影响,教师应该培养正确的教学态度,不断完善和发展教学态度。教师还需要培养积极的教学态度,对教学充满热爱和兴趣,对教学持有开放和包容的心态,对教学保持进取和创新的精神,从而激发和提高教学热情和效率。

4.4 教学责任对教学学术提升的影响

教学责任是教师对教学的担当,它是形成教师的心理特点的重要组成部分,也是教师的教学行为的道德基础。

首先,教师的教学责任影响教师的教学准备和教学执行。教师的教学责任决定了教师对教学的重视程度和投入程度,从而影响教师的教学准备和教学执行,教师的教学准备和教学执行又直接影响教学的效果和质量,进而影响教师的教学水平。一般来说,教师的教学责任越是强烈和明确,教师对教学的准备和执行就越是充分和认真,教师的教学水平就越高。比如,教师如果有较强的教学责任意识,就会认为教学是一项神圣的事业,教师是学生的引路人,教师的教学水平直接关系到学生的成长和发展,因此,教师就会在教学中尽心尽力,做好教学的各项准备,认真地执行教学计划,及时地反馈教学效果,从而提高教学的效率和质量。

其次,教师的教学责任影响教师的教学反思和教学改进。教师的教学责任决定了教师对教学的评价,从而影响教师的教学反思和教学改进。教师的教学反思和教学改进是教师提高教学水平的重要途径,可以帮助教师解决教学问题,提高教学效果,拓展教学领域,丰富教学经验,增强教学信心,激发教学兴趣,提高教学满意度。一般来说,教师履行教学责任越是自觉和坚定,教师对教学的反思和改进就越是主动和有效,教师的教学水平就越高。比如,教师如果具有很强的教学责任意识,就会认为教学是一项不断完善的过程、教师是学生的榜样、教师的教学水平直接影响教育的质量和水平，因此，教师就会在教学中不断地检查和评价自己的教学，寻找和解决教学中的问题和不足，改进和创新教学的方法和技术，从而提高教学水平。

最后，教师的教学责任影响教师的教学合作和教学分享。教师的教学责任决定了教师的教学交流和学习，从而影响教学合作和分享。教师的教学合作和分享是教师教学水平提高的重要表现，可以帮助教师拓宽教学视野，学习教学经验，交流教学思想，构建教学共同体，促进教学发展和创新。一般来说，教师关于教学责任的态度越是公正和诚信，教师的教学合作和分享就越是频繁和广泛，教师的教学水平就越高。比如，教师如果对教学责任持有公正的态度，就会认为教学是一项需要团队合作的工作、教师是学校的一员、教师的教学水平直接关系到学校的声誉和地位，因此，教师就会在教学中与同事和学生进行有效的沟通和协作，公平地对待每一个学生，公正地评价每一次教学，从而提高教学水平。教师如果对教学责任持有诚信的态度，就会认为教学是一项需要分享和交流的活动、教师是教育的参与者、教师的教学水平直接影响到教育的发展和创新，因此，教师就会在教学中与同事、学生进行积极的分享和交流，诚实地表达自己的教学经验和心得，诚恳地借鉴他人的教学优点和方法，从而提高教学水平。

综上所述，教师的教学责任对教师的教学水平有着重要的影响，教师应该承担正确的教学责任，不断完善和发展教学责任。教师承担自己的教学责任，意味着教师对教学有强烈的责任感和担当，对教学有明确的目标和计划，对教学有充分的准备和执行，对教学有合理的评价和反馈，从而提高教学质量和水平。

4.5 教学信心对教学学术提升的影响

教学信心是指教师对自己的教学能力和教学效果有自信，它是形成教师的心理特点的重要组成部分，也是教师的教学行为的动力基础。

首先，教师的教学信心影响教师的教学目标和教学挑战。教师的教学信心决定了教师对教学的期望和追求，从而影响教师的教学目标和教学挑战。教师的教学目标和教学挑战又直接影响教师的教学水平。一般来说，教师的教学信心越是强烈和稳定，教师的教学目标越是高远和明确，教师的教学挑战越是积极和合理，教师的教学水平就越高。比如，教师如果有充足的教学信心，就会认为教学是一项有意义和有价值的事业、教师是学生的导师和伙伴、教师的教学水平直接关系到学生的成长和发展，因此，教师就会在教学中设定具有挑战性和可实现的目标，勇于尝试和探索新的教学方法和内容，从而提高教学水平。

其次，教师的教学信心影响教师的教学策略和教学创新。教师的教学信心决定了教师对教学的掌控和调整，从而影响教师的教学策略和教学创新。教师的教学策略和教学创新是教师提高教学水平的重要途径，可以帮助教师应对教学困境，解决教学问题，拓展教学领域，丰富教学经验，增强教学信心，激发教学兴趣，提高教学满意度。一般来说，教师的教学信心越是坚定和灵活，教师的教学策略和教学创新就越是多样和有效，教师的教学水平就越高。比如，教师如果有坚定的教学信心，就会相信自己有能力完成教学任务，认为教师是学生的引导者和启发者、教师的教学水平直接影响教学的效果和质量，因此，教师就会在教学中选择和运用适合自己和学生的教学策略，灵活地调整教学的步骤和节奏，及时地反馈教学的效果，从而提高教学的效率和质量。教师如果有灵活的教学信心，就会认为教学是一项不断完善的过程、教师是学生的榜样和合作者、教师的教学水平直接关系到教学的发展和创新，因此，教师就会在教学中不断地检查和评价自己的教学，寻找和解决教学中的不足和问题，改进和创新教学的方法和技术，从而提高教学水平。

最后，教师的教学信心影响教师的教学反馈和教学改进。教师的教学信心决定了教师对教学的评价和态度，从而影响教师的教学反馈和改进。教师的教学反馈和改进是教师提高教学水平的重要途径，可以帮助教师解决教学问题，提高教学效果，拓展教学领域，丰富教学经验，增强教学信心，激发教学兴趣，提高教学满意度。一般来说，教师的教学信心越是适度和积极，教师的教学反馈和教学改进就越是主动和有效，教师的教学水平就越高。比如，教师如果有适度的教学信心，就会认为教学是一项需要不断评价和反馈的活动、教师是学生的评价者和支持者、教师的教学水平直接影响到教学的改进和创新，因此，教师就会在教学中客观地评价自己和学生的表现，及时地给予学生正面和负面的反馈，鼓励和指导学生改进和提高，从而提高教学水平。教师如果有积极的教学信心，就会认为教学是一项需要不断改进和创新的活动、教师是学生学习的参与者和推动者，教师的教学水平直接关系到教学的完善和发展，因此，教师就会在教学中主动地寻求和接受教学建议和意见，改进和创新教学内容和形式，从而提高教学水平。

综上所述，教师的教学信心对教师的教学水平有着重要的影响，教师应该培养正确的教学信心，不断完善和发展教学信心。教师应该增强自己的教学信心，相信自己能够有效地影响和帮助学生，相信自己具有教好学生的能力和水平，能够不断地提高和发展自己的教学水平，从而提高教学自信和自尊。

4.6 教学兴趣对教学学术提升的影响

教学兴趣是指教师对教学有着发自内心的喜爱和热情,它是形成教师的心理特点的重要组成部分,也是教师的教学行为的情感基础。

首先,教师的教学兴趣影响教师的教学投入和教学效率。教师的教学兴趣决定了教师对教学的热情和投入程度,从而影响教师的教学效率和教学质量,教师的教学效率和教学质量又直接影响教师的教学水平。一般来说,教师的教学兴趣越是浓厚和持久,教师对教学的投入就越多,教学效率就越高,教师的教学水平就越高。比如,教师如果对教学有着浓厚的兴趣,就会认为教学是一项有趣和有意义的事情、教师是学生的启蒙者和引领者、教师的教学水平直接关系到学生的学习成果,因此,教师就会在教学中全身心地投入,用心地准备,认真地执行,从而提高教学效率和质量。

其次,教师的教学兴趣影响教师的教学创新和教学研究。教师的教学兴趣决定了教师对教学的探索和创造,从而影响教师的教学创新和教学研究。教师的教学创新和教学研究是教师提高教学水平的重要途径,它们可以帮助教师突破教学困境,解决教学问题,开阔教学视野,丰富教学经验,增强教学信心,激发教学兴趣,提高教学满意度。一般来说,教师的教学兴趣越是强烈和多元,教师的教学创新和教学研究就越是勇敢和主动,教师的教学水平就越高。比如,教师如果对教学有着强烈的兴趣,就会认为教学是一项需要不断探索和创造的活动、教师是学生学习的创新者和研究者、教师的教学水平直接影响教学的发展和创新,因此,教师就会在教学中不断地尝试和实践新的教学方法和技术,参与教学研究和探讨,从而提高教学水平。

最后,教师的教学兴趣影响教师的教学分享和教学合作。教师的教学兴趣决定了教师的教学交流和学习,从而影响教师的教学分享和合作。教师的教学分享和合作是教师提高教学水平的重要表现,可以帮助教师拓宽教学视野,学习教学经验,交流教学思想,构建教学共同体,促进教学发展和创新。一般来说,教师的教学兴趣越是浓厚,教师的教学分享和教学合作就越是频繁和广泛,教师的教学水平就越高。比如,教师如果对教学有着浓厚的兴趣,就会认为教学是一项需要不断分享和合作的活动、教师是学生的伙伴和支持者、教师的教学水平直接关系到教学的交流和学习,因此,教师就会在教学中主动地与同事、学生分享教学的心得和体会,积极地与他人合作完成教学计划和项目,从而提高教学水平。

综上所述,教师的教学兴趣对教师的教学水平有着重要的影响,教师应该培养自己的教学兴趣,对教学有着浓厚的爱好,对教学有着持久的动力和激情,对教学有着不断的探索和创造,对教学采取多样的方式和方法,从而提高教学的魅力。

4.7 教学动机对教学学术提升的影响

教学动机是教师对教学工作的动力和目的,反映教师的教学个性和教学目标,也影响教师的教学水平。

首先,教师的教学动机影响教师的教学行为和教学效果。教师的教学动机决定了教师对教学工作的意愿和行动,影响教师的教学方式和教学质量,教师的教学方式和教学质量又直接影响教师的教学水平。一般来说,教师的教学动机越是强烈和持久,教师对教学工作越是积极和主动,教师的教学效果越是良好和显著,教师的教学水平就越高。比如,教师如果对教学工作有着强烈的动机,就会认为教学是一项有趣和有意义的事情、教师是学生的启蒙者和引领者、教师的教学水平直接关系到学生的学习成果,因此,教师就会在教学中全身心地投入,用心地准备,认真地执行,从而提高教学效果和质量。

其次,教师的教学动机影响教师的教学反思和教学研究。教师的教学动机决定了教师对教学工作的需求和追求,从而影响教师的教学反思和教学研究。教师的教学反思和教学研究是教师提高教学水平的重要途径,可以帮助教师检验和改进教学动机,更新和丰富教学知识,优化和创新教学方法,保证和提高教学质量,提升和发展教学能力。一般来说,教师的教学动机越是内在和自主,教师的教学反思和教学研究就越是深入和系统,教师的教学水平就越高。比如,教师如果对教学工作有着内在的动机,就会认为教学是一项需要不断探索和创造的活动、教师是学生学习的创新者和研究者、教师的教学水平直接影响教学的发展和创新,因此,教师就会在教学中不断地尝试和实践新的教学方法和技术,参与教学研究和探讨,从而提高教学水平。

最后,教师的教学动机影响教师的教学分享和教学合作。教师的教学动机决定了教师的教学工作的价值和意义,从而影响教师的教学分享和教学合作。教师的教学分享和教学合作是教师教学水平提高的重要表现,它们可以帮助教师拓宽教学视野,学习教学经验,交流教学思想,构建教学共同体,促进教学发展和创新。一般来说,教师的教学动机越是高尚和强烈,教师的教学分享和教学合作就越是频繁和广泛,教师的教学水平就越高。比如,教师如果对教学工作有着高尚的动机,就会认为教学是一项需要不断分享和合作的活动、教师是学生的伙伴和支持者、教师的教学水平直接关系到教学交流和学习，因此，教师就会在教学中主动地与同事、学生分享教学心得和体会，积极地与他人合作完成教学计划和项目，从而提高教学水平。

综上所述，教师的教学动机对教师的教学水平有着重要的影响，教师应该激发自己的教学动机，对教学有着明确的目的和意义，对教学有着内在的需求和追求，对教学有着高尚的价值和理想，对教学有着自主的选择和决定，从而激发和改善教学的动力和效果。

第 5 章　教师的教育背景对教学学术水平的影响

教师的教育背景对教学学术的提升有着重要的影响，因为它决定了教师的学术素养、教学理念、教学方法、教学创新、教学反思等方面的能力和水平。

5.1　教师的学历和学位对教学学术水平的影响

教师的学历和学位是教师的教育背景中最基本和最直观的指标，它反映了教师的学术素养、教学理念和专业知识。

首先，教师的学历和学位影响教师的学术素养。学术素养不仅包括教师对学术规范、学术道德、学术创新、学术交流等方面的认识和态度，还体现在教师从事教学学术活动的能力和水平上。一般来说，教师的学历和学位越高，表明教师在学习过程中受到了越多的学术培养和指导，接触了越多的学术资源和信息，参与了越多的学术活动和交流，从而在学术方面有更高的追求和责任感、更严谨的态度和方法、更开放的视野和思维。例如，拥有博士学位的教师，往往会在教学中引用最新的学术研究成果，会鼓励学生进行学术探究和创新，会积极参与学术会议和期刊的投稿，从而提高自己和学生的学术水平。教师的学术素养的高低对教师学术水平的高低有着重要的作用，因为它决定了教师是否能够以学术的方式来看待和处理教学中遇到的问题，是否能够以学术的标准来评价和改进教学效果，是否能够以学术的精神来创新和发展教学理论和实践。

其次，教师的学历和学位影响教师的教学理念。教学理念是指教师对教学的目的、内容、方法、过程、评价等方面的认识和主张，它是教师进行教学设计和实施的指导和依据。一般来说，教师的学历和学位越高，表明教师在学习过程中受到了越多的教育理论和教学方法的教育和训练，了解越多的教育政策和教学改革的动向和要求，掌握越多的教育研究和教学实践的成果和经验，从而形成更符合教育规律和教学实际的教学理念。例如，拥有硕士学位的教师，往往会在教学中运用最新的教学理论和方法，会根据教育政策和教学改革的要求调整教学内容和方式，会借鉴教育研究和教学实践的成果和经验改善教学效果，从而提高自己和学生的水平。教师的教学理念科学与否对教师学术水平的高低有着重要的作用，因为它决定了教师是否能够以科学的理论来指导和支撑教学活动，是否能够以有效的方法来组织和促进教学过程，是否能够以合理的标准来监测和评估教学结果。

最后，教师的学历和学位影响教师的专业知识。专业知识是指教师在教学领域所掌握的相关的知识和技能，它是教师进行教学活动的基础和保障。一般来说，教师的学历和学位越高，表明教师在学习过程中学习了越多的专业课程和专业文献，获得了越多的专业证书和专业荣誉，积累了越多的专业经验和专业成果，从而拥有更广阔的专业视野和更深刻的专业理解。例如，拥有本科学位的教师，往往会在教学中运用最基本的专业知识和技能，会根据专业课程和专业文献的要求完成教学任务，从而提高自己和学生的专业水平。教师的专业知识丰富与否对教师学术水平的高低有着重要的作用，因为它决定了教师是否能够以专业的水平来传授和解释教学内容，是否能够以专业的技能来展示和示范教学操作，是否能够以专业的素养来更新和拓展教学领域。

5.2　教师所学的专业对教学学术水平的影响

教师所学的专业是教师的教育背景中最重要和最相关的因素。教师所学的专业是影响教师教学学术水平的关键因素，不仅反映了教师的专业兴趣、专业方向和专业能力，还决定了教师在教学领域的专业水平和专业发展。

首先，教师所学的专业决定了教学内容的质量和深度。教学内容是指教师在教学过程中所传授和探讨的知识、概念、原理、方法、技能等方面的信息，它是教师进行教学活动的核心和基础。教师所学的专业与教师所教的学科越贴近或越相关，通常意味着教师的教学内容越丰富、越深入、越准确，因为教师在学习过程中掌握了越多的专业知识和专业技能，了解了越多的专业发展和专业趋势的内容，参与了越多的专业研究和专业实践，从而形成更全面的专业认识，进行更高效的专业运用。例如，教授计算机科学的教师，如果本身是计算机科学专业的毕业生，那么他们在教学中就能够更好地讲解和演示计算机科学的基本原理和应用技术，能够更快地跟进和引入计算机科学的最新进展和热点问题，能够更有效地培养和提升学生的计算机科学理论和实践能力。教师的教学内容的质量高低对教学学术水平的高低有着重要的作用，因为它决定了教师是否能够以权威的知识来支持和证明教学主题，是否能够以丰富的信息来激发和满足教学的需求，是否能够以准确的数据来保证和提高教学质量。

其次，教师所学的专业影响了教师的教学方法的选择和运用。教学方法是指教师在教学过程中所采用的策略、技巧、手段、工具等，它是教师进行教学活动的方式和手段。教师所学的专业与教师所教的学科越匹配，通常意味着教师的教学方法越多样、越创新、越有效，因为教师在学习过程中接触了越多的专业理论和专业方法，探索了越多的专业问题和专业解决方案，尝试了越多的专业实验和专业演示，从而形成更广泛的专业视角和更灵活的专业应用。例如，教授英语的教师，绝大多数是英语专业的毕业生，那么他们在教学中就能够更好地运用和结合各种教学方法，如情景教学法、任务型教学法、交际教学法等，更灵活地设计和安排各种教学活动，如角色扮演、小组讨论、情景对话等，更有效地提高和检测学生的英语听、说、读、写能力。教师的教学方法有效与否对教学学术水平有着重要的作用，因为它决定了教师是否能够以多样的策略来适应和调整教学环境，是否能够以创新的技巧来吸引和激励学生参与，是否能够以有效的手段来组织和推动教学过程。

最后，教师所学的专业提升了教师的教学创新的能力和水平。教学创新是指教师在教学过程中所展现的对教学内容、方法、过程、评价等方面的改进和发展，它是教师进行教学活动的动力和目标。教师所学的专业与教师所教的学科越新颖或越前沿，通常意味着教师的教学创新越突出、越有价值、越有影响，因为教师在学习过程中接触了越多的专业前沿和专业动态，获得了越多的专业启发和专业灵感，产生了越多的专业见解和专业贡献，从而形成更独特的专业风格和更优秀的专业成果。例如，教授数学的教师，绝大多数是数学专业的毕业生，那么他们在教学中就能够更好地引入和应用数学的最新理论和方法，能够更敏锐地发现和解决数学的新问题和难题，能够更有创意地设计和实施数学的新项目和新课程，从而提高自己和学生的数学创新能力和水平。教师的教学创新能力高低对教学学术水平的高低有着重要的作用，因为它决定了教师是否能够以先进的知识来更新和拓展教学领域，是否能够以有价值的方法来提高和优化教学效率，是否能够以有影响的手段来展示和推广教学成果。

5.3 教师参加培训的经验对教学学术水平的影响

教师参加培训的经验是教师的教育背景中最实用和最灵活的因素。教师参加培训的经验是提升教师教学学术水平的有效途径。教师参加培训的经验不仅反映了教师的专业发展、专业更新和专业合作，还体现在教师的教学反思、教学研究和教学合作等方面的能力和水平上。

首先，教师参加培训的经验加强了教师的教学反思的深度和效果。教学反思是指教师在教学过程中或之后对教学目标、内容、方法、过程、评价等方面的分析和评价，它是教师进行教学改进的重要途径。教师参加培训的经验越丰富、越有质量，通常意味着教师的教学反思越深入、越系统、越有效，因为教师在培训过程中接受了越多的教学理论和教学模式的介绍和示范，参与了越多的教学案例和教学问题的讨论和解决，获得了越多的教学反馈和教学建议，从而形成更清晰的教学目标、更明确的教学计划、更全面的教学评估和更有针对性的教学调整。例如，参加过教学反思培训的教师，往往会在教学中运用教学日志、教学录像、教学观察等工具，记录和分析自己的教学行为和教学效果，发现和解决自己的教学困惑和教学问题，提出和实施自己的教学改进和教学提高的措施。教师的教学反思水平的高低对教学学术水平有着重要的作用，因为它决定了教师是否能够以自我监督的方式来检查和缩小教学的差距，是否能够以自我完善的方式来总结和提炼教学经验，是否能够以自我发展的方式来探索和创新教学方法。

其次，教师参加培训的经验拓展了教师的教学研究的广度和深度。教学研究是指教师在教学实践的基础上，运用科学的方法和手段，对教学现象、问题、规律等方面进行探究和论证，它是教师进行教学学术活动的主要形式。教师参加培训的经验越丰富、越有质量，通常意味着教师的教学研究越广泛、越深入、越有效，因为教师在培训过程中学习了越多的研究理论和研究方法，了解了越多的研究主题和研究进展，参与和取得了越多的研究项目和研究成果，从而形成更浓厚的研究兴趣、更高的研究能力、更严谨的研究态度、更科学的研究过程、更有价值的研究发现和更有影响的研究贡献。例如，参加过教学研究培训的教师，往往会在教学中运用文献综述、问卷调查、访谈、实验设计等方法，收集和分析教学的数据和信息，提出和论证教学的假设和结论，撰写和发表教学的报告和论文。教师的教学研究能力的高低对教学学术水平有着重要的作用，因为它决定了教师是否能够以学术的方式来发现和解决教学问题，来构建和验证教学理论，来分享和传播教学知识。

最后，教师参加培训的经验增强了教师的教学合作的频率和效果。教学合作是指教师与其他教师或其他教育工作者在教学过程中或之外进行的交流、协作、互助等方面的活动，它是教师进行教学发展和提高的重要途径。教师参加培训的经验越丰富、越有质量，通常意味着教师的教学合作越频繁、越密切、越有效，因为教师在培训过程中结识了越多的教学伙伴和教学资源，建立了越多的教学关系和教学网络，享受了越多的教学支持和教学服务，从而形成更广阔的教学视野、更深刻的教学理解、更多元的教学思路、更丰富的教学策略、更和谐的教学氛围和更显著的教学效果。例如,参加过教学合作培训的教师,往往会在教学中与其他教师或教育工作者进行教学交流、教学协商、教学协作、教学互评等活动,借鉴和分享教学经验和资源,协调和整合教学内容和方法,互相支持和帮助解决教学困难和问题。教师的教学合作能力的高低对教学学术水平有着重要的作用,因为它决定了教师是否能够以团队的方式来规划和实施教学活动,是否能够以互动的方式来交流和学习教学经验,是否能够以共享的方式来提高教学质量。

5.4 教师的教学经验对教学学术水平的影响

教师的教学经验是教师的教育背景中最直接和最实际的因素。教师的教学经验是提高教师教学学术水平的重要途径。教师的教学经验不仅反映了教师的教学实践、教学效果和教学成长,还体现了教师的教学能力和教学态度等。

首先,教师的教学经验提升了教师的教学能力。教学能力是指教师在教学过程中对教学内容、方法、过程、评价等方面的掌握和运用的能力,它是教师进行教学活动的基本条件和要求。教师的教学经验越丰富、越有质量,通常意味着教师的教学能力越强,因为教师在教学过程中积累了越多的教学知识和教学技能,遇到了越多的教学挑战和教学机遇,收获了越多的教学反馈和教学奖励,从而形成更熟练的教学操作、更自信的教学表达、更灵活的教学调整和更有效的教学方案。例如,有多年教学经验的教师,往往会在教学中更好地掌握和运用教学内容的重点和难点,更好地选择和利用教学方法的优点和特点,更好地安排和控制教学过程的节奏和氛围,更好地设计和实施教学评价的方式和标准。教师的教学经验的丰富与否对教学学术水平的高低有着重要的作用,因为它决定了教师是否能够以专业的水平来完成教学任务,是否能够以优秀的水平来展示和证明教学价值,是否能够以出众的水平来提升和优化教学效果。

其次,教师的教学经验塑造了教师的教学态度。教学态度是指教师在教学过程中所表现出的对教学的热情、责任、尊重、关爱等方面的情感,它是教师进行教学活动的内在动力和外在风貌。教师的教学经验越丰富、越有质量,通常意味着教师的教学态度越积极、越认真、越友善,因为教师在教学过程中感受到了越多的教学乐趣和教学成就,承担了越多的教学责任和教学挑战,学会尊重教学差异和教学多样,关心教学需求和教学发展,从而形成更热情的教学投入、更坚定的教学信念、更彼此尊重的教学沟通、更和谐的教学氛围、更热切的教学关怀和更主动的教学帮助。例如,有丰富教学经验的教师,往往会在教学中更加热爱和享受教学过程,更加认真和负责地完成教学任务和要求,更加友善和尊重地对待教学对象和伙伴,更加关心和支持教学需求和发展。教师的教学态度好坏对教学学术水平的高低有着重要的作用,因为它决定了教师是否能够以积极的情感来激发和维持教学的动力,是否能够以认真的态度来规范和保障教学的质量,是否能够以友善的方式来建立和维护教学的关系,是否能够以关心的方式来满足和促进教学的需求。

最后,教师的教学经验促进了教师的教学成长。教学成长是指教师在教学过程中所取得的对教学的认识、理解、改进和发展,它是教师进行教学活动的最终目的和最高境界。教师的教学经验越丰富、越有质量,通常意味着教师的教学成长越快速、越深刻、越持久,因为教师在教学过程中获得了越多的教学启示和教学智慧,形成了越丰富的教学理念和教学风格,实现了越多的教学创新和教学贡献,从而形成更深刻的教学认识、更高层次的教学理解、更有效的教学改进和更持续的教学发展。例如,有深厚教学经验的教师,往往会在教学中更好地认识和理解教学的规律和特点,更好地改进和发展教学的内容和方法,更好地创新教学的理论和实践。教师的教学成长快慢对教学学术水平的高低有着重要的作用,因为它决定了教师是否能够以终身的学习来不断更新和拓展教学的知识,是否能够以个性的发展来不断塑造和完善教学的特色,是否能够以奉献的精神来不断推动和促进教学进步。

第6章　教师的专业领域对教学学术水平的影响

教师的专业领域是影响教师的教学学术水平的重要因素。教师的专业领域就是教师所教的学科或领域,比如数学、物理、历史、音乐等。教师的专业领域不仅决定了教师要教什么,也影响了教师怎么教及为什么教。教师的专业领域对教师的教学学术水平有着重要的意义。教学学术是教师把教学和学习当作学术研究的对象,用学术的方式去探索、反思和改进教与学的过程和结果,从而提高教学质量和促进学生学习。因此,教师的专业领域是教师进行教学学术研究的基础和背景,也是教师提高教学质量和促进学生学习的动力和目标。教师的专业领域与教师的教学学术水平之间的关系是双向的,即教师的专业领域影响他们的教学学术水平,他们的教学学术水平也反过来影响他们的专业领域。

6.1　学科性质对教学学术水平的影响

学科性质是指学科的本质特征,比如学科的目的、对象、方法、范围、结构、规律等。不同的学科有不同的性质,决定了不同的学科有不同的教学和学习方式。

首先,学科性质影响教师的教学目标和内容。教师的教学目标和内容是教学学术的基础,它们决定了教师教什么、为什么教,以及怎么教。不同的学科有不同的教学目标和内容,这取决于学科的性质。比如,数学是一门以逻辑推理为基础,以抽象概念和符号为工具,以探求数、量、结构、空间和变化的规律为目的的学科。因此,数学教师的教学目标和内容,就是要培养学生的数学思维能力,让学生掌握数学的基本概念、原理、方法和技巧,以及运用数学解决实际问题的能力。历史是一门以人类社会的发展变化为对象、以史料为依据、以史学方法为手段、以探求历史事实和规律为目的的学科。因此,历史教师的教学目标和内容,就是要培养学生的历史意识,让学生了解历史的基本事实、观点、方法和理论,掌握运用历史分析和评价现实问题的能力。可以看出,数学和历史的教学目标和内容是不同的,这是由它们的学科性质决定的。教师的教学目标和内容,影响了他们的教学学术水平,因为它们决定了教师要研究什么样的教学和学习问题,以及如何设计和实施教学和学习活动。比如,数学教师可能会研究如何通过合作学习,提高学生的数学解题能力,以及如何通过项目学习,让学生体验数学在实际生活中的应用。历史教师可能会研究如何通过情境学习,提高学生的历史思辨能力,以及如何通过主题学习,让学生了解历史在当代社会中的意义。

其次,学科性质影响教师的教学方法和策略。教师的教学方法和策略是教学学术的核心,它们决定了教师如何教学及如何促进学生学习。不同的学科有不同的教学方法和策略,这同样也取决于学科的性质。比如,物理是一门以自然现象为对象、以实验和数学为工具、以建立和验证物理理论为目的的学科。因此,物理教师的教学方法和策略,就是要注重实验教学,培养学生的实验技能和探究能力,以及运用物理理论解释和预测物理现象的能力。音乐是一门以声音为媒介、以表达和感受为目的、以创作和演奏为手段的学科。因此,音乐教师的教学方法和策略,就是要注重音乐欣赏和创作教学,培养学生的音乐审美和创造能力,以及运用音乐语言和技巧表达和交流的能力。可以看出,物理和音乐的教学方法和策略是不同的,这也是由它们的学科性质决定的。教师的教学方法和策略影响了他们的教学学术水平,因为它们决定了教师如何组织和管理教学和学习过程,以及如何评价和反馈教学和学习效果。比如,物理教师可能会研究如何通过实验探究,激发学生的物理兴趣和好奇心,以及如何通过实验报告,检测和提高学生的物理知识理解和表达能力。音乐教师则可能会研究如何通过音乐欣赏,培养学生的音乐品位和鉴赏力,以及如何通过音乐创作,检测和提高学生的音乐创造和表达。

最后,学科性质影响教师的教学理念和态度。教师的教学理念和态度是教学学术的灵魂,它们决定了教师对教学和学习的看法和价值判断,以及教师对教学和学习的情感和态度。不同的学科有不同的教学理念和态度,这也与学科的性质有关。比如,语言是一门以人类交际为目的、以语言系统为对象、以语言运用为手段的学科。因此,语言教师的教学理念和态度,就是要以交际为导向、以学生为中心、以语言运用为重点、以培养学生的语言交际能力为目标。美术是一门以视觉形象为媒介、以审美和表现为目的、以绘画和雕塑为手段的学科。因此,美术教师的教学理念和态度,就是要以创造为导向、以个性为中心、以表现为重点、以培养学生的美术创造能力为目标。可以看出,语言和美术的教学理念和态度是不同的,这也与它们的学科性质有关。教师的教学理念和态度影响了他们的教学学术水平,因为它们决定了教师对教学和学习的认识和信念,以及教师对教学和学习的热情和投入。语言教师可能会研究如何通过任务型教学提高学生的语言交际能力,以及如何通过反馈和评价,提高学生的语言自信和自主能力。美术教师可能会研究如何通过示范和引导,提高学生的美术创造能力,以及如何通过展示和赞美,提高学生的美术自尊心和自豪感。

综上所述,教师的专业领域的学科性质影响教师的教学目标和内容、教学方法和策略、教学理念和态度等方面。不同的学科有不同的性质,这决定了不同的学科有不同的教学和学习方式。教师的教学学术水平也反过来影响他们的专业领域,因为教师的教学学术水平决定了他们对专业领域的理解和贡献。教师的专业领域与教学学术水平之间的关系是动态的,需要教师不断地进行反思和改进,以适应学科的发展和需求。

6.2 学科发展对教学学术水平的影响

学科发展是指学科的历史演变和现状变化,比如学科的起源、分支、趋势、挑战等。不同的学科有不同的发展历程和现状,决定了不同的学科有不同的教学和学习需求。

首先,学科发展影响教师的教学知识和能力。教师的教学知识和能力是教学学术的基石,决定了教师对教学和学习的理解和把握,以及教师对教学和学习的实施和改进。不同的学科有不同的教学知识和能力,这与学科的发展有关。比如,生物是一门以生命现象为对象、以生命科学为基础、以生命技术为手段、以探索生命本质和规律为目的的学科。随着生命科学的不断发展,生物学的内容和范围也不断扩大,涉及分子生物学、细胞生物学、遗传学、生态学、进化论等多个分支。因此,生物教师的教学知识和能力是指掌握生物的基本概念、原理、方法和技术,以及运用生物知识和技术解决生命问题的能力。为了适应生物学的发展,生物教师需要不断地更新自己的教学知识和能力,跟上生物学的最新进展和动态,了解生物学在社会和环境中的应用和影响。生物教师可能会研究如何将基因工程、克隆技术、生物多样性等生物学的前沿话题融入教学内容,让学生了解生物学的最新发现和创新,以及生物学对人类和自然的意义和责任。文学是一门以语言文字为媒介、以审美和表达为目的、以文学作品为载体、以探索人类文化和精神为目的的学科。随着人类社会的不断发展,文学的内容和形式也不断变化,涉及古典文学、现代文学、当代文学等多个文学发展阶段。因此,文学教师的教学知识和能力是指掌握文学的基本要素、类型、流派和作品,以及运用文学知识和技巧欣赏和创作文学作品的能力。为了适应文学的发展,文学教师需要不断地拓展自己的教学知识和能力,跟上文学的最新发展趋势和动态,了解文学在社会和文化中的反映和影响。因此,文学教师可能会研究如何将网络文学、跨文化文学、女性文学等新兴话题融入教学内容,让学生了解文学的最新变化和创新,以及文学对人类和社会的启示和挑战。

其次,学科发展影响教师的教学资源和工具。教师的教学资源和工具是教学学术的支撑,它们决定了教师在教学和学习中使用的材料和设备,影响教师与学生、同行和社会的交流和合作。不同的学科有不同的教学资源和工具。例如,计算机是一门以信息处理为对象、以计算机科学为基础、以计算机技术为手段、以探索信息的本质和规律为目的的学科。随着计算机科学的不断发展,计算机硬件和软件也不断更新,涉及编程语言、数据库、网络、人工智能等多个领域。因此,计算机教师的教学资源和工具是指计算机硬件和软件,以及网络。教师利用它们进行教学和学习的设计和实施,以及与学生、同行进行信息交流和共享。为了适应计算机的发展,计算机教师需要不断地更新自己的教学资源和工具,跟上计算机的最新技术和应用,了解计算机在社会和经济发展中的作用和价值。因此,计算机教师可能会研究如何将云计算、大数据、物联网等技术融入教学资源和工具,让学生了解计算机的最新发展和前景,以及计算机给人类和社会带来的便利和挑战。音乐则是一门以声音为媒介、以表达和感受为目的、以创作和演奏为手段的学科。随着音乐的不断发展,乐器也不断变化,涉及古典音乐、流行音乐、民族音乐等多种音乐类型。因此,音乐教师的教学资源和工具就是乐器、录音器和播放器,以此进行教学和学习的设计和实施,以及与学生、同行和社会的音乐交流和共享。为了适应音乐的发展,音乐教师需要不断地拓展自己的教学资源和工具,跟上音乐的最新发展潮流和动态,了解音乐在社会和文化发展中的表达和影响。比如,音乐教师可能会研究如何将电子音乐、世界音乐、原创音乐等新颖的音乐种类融入教学资源和工具,让学生了解音乐的最新变化和创新,以及音乐带给人类和社会的启发和挑战。

最后,学科发展影响教师的教学评价和反馈。教师的教学评价和反馈是教学学术的检验,它们决定了教师对教学和学习的效果和质量的判断和改进,影响教师对教学和学习的认可和奖励。不同的学科有不同的教学评价和反馈,这也与学科的发展有关。例如,数学是一门以逻辑推理为基础,以抽象概念和符号为工具,以探求数、量、结构、空间和变化的规律为目的的学科。因此,数学教师的教学评价和反馈,就是要依据数学的标准和准则,以及数学的证明和解答,来对教学和学习的效果和质量进行判断并改进。体育则是一门以身体运动为对象、以运动科学为基础、以运动技能为手段、以促进身体健康和能力发展为目的的学科。因此,体育教师的教学评价和反馈,就是要依据体育的标准和准则,以及体育的测试和表现,来对教学和学习的效果和质量进行判断并改进。可以看出,数学和体育的教学评价和反馈是不同的，这也与它们的学科发展有关。教师的教学评价和反馈影响他们的教学学术水平，因为它们决定了教师对教学和学习的监测和调整，以及教师对教学和学习的激励和支持。因此，数学教师可能会研究如何通过考试、作业、竞赛等方式，评价和反馈学生的数学知识和能力，以及如何通过鼓励、赞扬等方式，认可和奖励学生的数学进步和成就。体育教师可能会研究如何通过体能、技能等方面的表现，评价和反馈学生的体育水平，以及如何通过颁发奖杯、证书等方式，认可和奖励学生的体育成绩和贡献。

综上所述，教师的专业领域的学科发展，影响他们的教学学术水平，主要表现在教师的教学知识和能力、教学资源和工具、教学评价和反馈等方面。不同的学科有不同的发展历程和现状，这决定了不同的学科有不同的教学和学习需求。教师的教学学术水平也反过来影响他们的专业领域，因为教师的教学学术水平决定了他们对专业领域的更新和拓展。教师的专业领域与教学学术水平之间是互动的，教师需要不断地学习和发展，以适应学科的变化和挑战。

6.3 学科需求对教学学术水平的影响

学科需求是指学科的社会价值和对个人的意义，比如学科的目标、功能、贡献、影响等。不同的学科有不同的需求，这决定了不同的学科有不同的教学和学习动机和目标。

首先，学科需求影响教师的教学动机和兴趣。教师的教学动机和兴趣是教学学术的驱动力，它们决定了教师为什么教，以及教师对教学和学习的热情和投入。不同的学科有不同的教学动机和兴趣。比如，化学是一门以物质的组成、结构、性质和变化为对象，以化学实验和理论为工具，以探索物质的本质和规律为目的的学科。因此，化学教师的教学动机和兴趣，就是满足自己的好奇心和求知欲，以及探索和解决化学现象和问题。哲学则是一门以人类存在和认识为对象、以逻辑和辩证为工具、以探索人类的本质和价值为目的的学科。因此，哲学教师的教学动机和兴趣，就是满足自己的思考和反思，以及探索和回应人类的意义和目的。可以看出，化学和哲学的教学动机和兴趣是不同的，这与它们的学科需求有关。教师的教学动机和兴趣影响他们的教学学术水平，因为它们决定了教师对教学和学习的态度和情感，影响教师对教学和学习的主动性和积极性。比如，化学教师可能会研究如何通过化学魔术、化学小实验等方式，激发学生对化学的兴趣和好奇心，以及如何通过化学竞赛、化学项目等方式，激励学生进行化学探究和创新。哲学教师则可能会研究如何通过哲学对话、讲哲学故事等方式，激发学生的哲学思辨和反思，以及如何通过哲学论文、哲学社团等方式，激励学生的哲学探索和表达。

其次，学科需求影响教师的教学目标和期望。教师的教学目标和期望是教学学术的导向，它们决定了教师要达到什么样的教学和学习效果，体现了教师对教学和学习的标准和要求。例如，经济学是一门以人类的经济行为和活动为对象、以数学和统计为工具、以探索经济的规律和效应为目的的学科。因此，经济学教师的教学目标和期望，就是要培养学生的经济思维和分析能力，让学生掌握经济学的基本概念、原理、模型和方法，从而运用经济知识和技能解决经济问题。心理学则是一门以人类的心理现象和行为为对象、以心理实验和理论为工具、以探索心理的本质和规律为目的的学科。因此，心理学教师的教学目标和期望，就是要培养学生的心理素养和应用能力，让学生了解心理的基本事实、观点、方法和理论，从而运用心理知识和技能解决心理问题。可以看出，经济学和心理学的教学目标和期望是不同的，这也与它们的学科需求有关。教师的教学目标和期望影响他们的教学学术水平，因为它们决定了教师对教学和学习的方向和计划，以及教师对教学和学习的评价和反馈。因此，经济学教师更有可能会研究如何通过案例分析、模拟演练等方式，提高学生的经济分析和解决经济问题的能力，以及如何通过考核、评价、反馈等方式，提高学生对经济的理解和表达。心理学教师则更有可能会研究如何通过心理测试、心理咨询等方式，提高学生的心理知识应用和解决心理问题的能力，以及如何通过观察、记录、反馈等方式，提高学生的心理观察和分析能力。

最后，学科需求影响教师的教学贡献和价值。教师的教学贡献和价值，是开展教学学术的结果，它们决定了教师的教学和学习对自己、学生、学校、社会的价值和意义，以及教师的教学和学习对专业领域的更新和拓展。比如，政治学是一门以人类的政治现象和行为为对象，以政治理论和方法为工具，以探索政治的本质和规律为目的的学科。因此，政治学教师的教学贡献和价值，就是要提高学生的政治素养和参与能力，让学生了解政治的基本原则、制度、过程和结果，掌握运用政治知识和技能参与和影响政治的能力。艺术则是一门以视觉、听觉、触觉等感官为媒介，以审美和表达为目的，以绘画、音乐、舞蹈等形式为手段的学科。因此，艺术教师的教学贡献和价值，就是要提高学生的艺术素养和创造能力，让学生了解艺术的基本元素、类型、流派和作品，掌握运用艺术知识和技巧欣赏和创作艺术作品的能力。政治学和艺术的教学贡献和价值是不同的，这与它们的学科需求有关。教师的教学贡献和价值影响了他们的教学学术水平，因为它们决定了教师的教学和学习的成就感和满足感，以及教师的教学和学习的发展和进步。因此,政治学教师可能会研究如何将政治学的理论和实践应用到社会和公共事务中,让学生了解政治学的社会价值和意义,以及政治学对社会和公共事务的贡献和影响。艺术教师则可能会研究如何将艺术的创造和表现,应用到生活和文化中,让学生了解艺术的社会价值和意义,以及艺术对生活和文化的贡献和价值。

综上所述,教师的专业领域的学科需求,影响他们的教学学术水平,主要表现在教师的教学动机和兴趣、教学目标和期望、教学贡献和价值等方面。不同的学科有不同的需求,这决定了不同的学科有不同的教学和学习动机和目标。教师的教学学术水平也反过来影响他们的专业领域,因为教师的教学学术水平决定了他们对专业领域的贡献和影响。教师的专业领域与教学学术水平之间的关系是协调的,需要教师不断地进行调整和优化,以适应学科的目标和功能需求。

第7章　教师的工作环境对教学学术提升的影响

教师的工作环境是指教师所处的教育组织和社会环境,如学校文化、学校制度、学校支持、同事合作、学生反馈等。教师的工作环境决定了教师的教学学术氛围和条件,影响教师的教学学术的参与和发展。教师的教学学术水平是指教师在教学学术领域的知识、技能、态度和行为的综合表现。教师的教学学术水平不仅反映教师的专业素养,也影响学生的学习效果。因此,探讨教师的工作环境对教师的教学学术水平的影响,对于促进教师的专业发展和提升教育质量具有重要的意义。

7.1　学校文化对教学学术提升的影响

学校文化是指学校中普遍存在的价值观、信念、规范、传统、仪式、象征和气氛等,它构成了学校的特色和风格。

首先,学校文化决定了教师的教学理念和目标。教师的教学理念和目标是教师进行教学学术活动的基础和动力,它们受到学校文化中的价值观和信念的影响和制约。例如,如果学校文化强调学生的个性发展和创新能力,那么教师就会倾向于采用以学生为中心的教学方法,关注学生的主动参与和自主探究,从而提高教学学术水平。相反,如果学校文化强调学生的应试能力和知识掌握,那么教师就会倾向于采用以教师为中心的教学方法,关注学生的被动接受和知识的灌输,导致教学学术水平的降低。

其次,学校文化影响了教师的教学学术氛围和条件。教师的教学学术氛围和条件是教师进行教学学术活动的外部环境和支持,它们受到学校文化中的规范和传统的影响和制约。例如,如果学校文化鼓励教师进行教学创新和研究,那么教师就会有更多的机会和资源来尝试新的教学方法,收集和分析教学数据,反思和改进教学实践,从而提高教学学术水平。相反,如果学校文化抑制教师进行教学创新和研究,那么教师就会受到限制和产生压力,难以突破传统的教学模式,缺乏教学数据和反馈,导致教学学术水平的降低。

最后,学校文化塑造了教师的教学学术态度和行为。教师的教学学术态度和行为是教师进行教学学术活动的内在动力和表现,它们受到学校文化中的仪式和象征的影响和制约。例如,如果学校文化认可和奖励教师的教学学术成果,那么教师就会有更强的自信心和自豪感,更积极地参与教学学术活动,更愿意与他人分享和交流教学经验和心得,从而提高教学学术水平。相反,如果学校文化忽视和贬低教师的教学学术成果,那么教师就会缺乏自信心和自豪感,消极地参与教学学术活动,不愿意与他人分享和交流教学经验和心得,导致教学学术水平的降低。

综上所述,学校文化是教师的教学学术水平的重要影响因素,它通过决定教师的教学理念和目标,影响教师的教学学术氛围和条件,塑造教师的教学学术态度和行为,从而促进或阻碍教师的教学学术水平的提升。因此,建立和培育有利于教师教学学术发展的学校文化,是提高教师教学学术水平的重要途径和策略。

7.2 学校制度对教学学术提升的影响

学校制度是指学校为了实现教育目标和保证教育质量而制定的一系列规章制度和管理措施,如教学计划、教学评估、教学奖惩、教学督导等。

首先,学校制度规范了教师的教学学术行为和标准。教师的教学学术行为和标准是教师进行教学学术活动的基本要求和遵循的准则,它们受到学校制度的规范和约束。例如,如果学校制度要求教师按照教学计划进行教学,定期进行教学评估,根据教学效果给予教师奖惩,那么教师就会更加重视教学质量,更加注重教学目标的达成,更加关注教学数据的收集和分析,从而提高教学学术水平。相反,如果学校制度对教师的教学没有明确的要求和指导,或者对教师的教学评估和奖惩不公正和不合理,那么教师就会缺乏教学的动力和方向,难以对教学进行有效的规划和改进,导致教学学术水平的降低。

其次,学校制度激励了教师的教学学术发展和创新。教师的教学学术发展和创新是教师进行教学学术活动的内在动力和外在表现,它们受到学校制度的激励和支持。例如,如果学校制度鼓励教师参与教学研究和项目,提供教师专业发展的机会和资源,给予教师教学创新的自由和空间,那么教师就容易形成教学兴趣和能力,更多地尝试新的教学理念和方法,更积极地发现教学问题和探索解决的方案,从而提高教学学术水平。相反,如果学校制度限制教师参与教学研究和项目,缺乏教师专业发展的机会和资源,压制教师教学创新的自由和空间,那么教师就很难形成教学兴趣和能力,更少地尝试新的教学理念和方法,更消极地探索教学问题和解决的方案,导致教学学术水平的降低。

最后,学校制度促进了教师的教学学术交流和合作。教师的教学学术交流和合作是教师进行教学学术活动的重要途径和手段,它们受到学校制度的促进和保障。例如,如果学校制度支持教师参与教学学术会议、发表文章,建立教师教学学术的网络和平台,推动教师教学学术的团队和社区建设,那么教师就会有更多的机会和渠道与他人分享和交流教学经验和成果,更多地从他人的教学反思和建议中学习和借鉴,更多地与他人进行教学合作和互动,从而提高教学学术水平。相反,如果学校制度阻碍教师参与教学学术会议、发表文章,缺乏教师教学学术的网络和平台,忽视教师教学学术的团队和社区建设,那么教师就很少有机会和渠道与他人分享和交流教学经验和成果,很难从他人的教学反思和建议中学习和借鉴,很难与他人进行教学合作和互动,导致教学学术水平的降低。

综上所述,学校制度是教师的教学学术水平的重要影响因素,它通过规范教师的教学学术行为和标准,激励教师的教学学术发展和创新,促进教师的教学学术交流和合作,从而推动教师的教学学术水平的提升。因此,完善和优化与教师教学学术相关的学校制度,是提高教师教学学术水平的重要途径和策略。

7.3 学校支持对教学学术提升的影响

学校支持是指学校为了促进教师的教学学术发展而提供的各种形式的帮助和服务,如教学设备、教学资金、教学人员、教学培训等。

首先,学校支持提供了教师的教学学术资源和保障。教师的教学学术资源和保障是教师进行教学学术活动的基本条件,它们受到学校的支持。例如,如果学校支持为教师提供先进的教学设备、充足的教学资金、专业的教学人员、高质量的教学培训,那么教师就会有更好的教学环境、更充足的教学投入、更强大的教学支持、更出色的教学能力,从而提高教学学术水平。反之,就会导致教学学术水平的降低。

其次,学校支持增强了教师的教学学术信心和满意度。教师的教学学术信心和满意度是教师进行教学学术活动的心理状态和感受,它们受到学校支持的增强和提升。例如,如果学校支持为教师提供及时的教学反馈、充分的教学肯定、合理的教学奖励,那么教师就会有更强的教学自我效能、教学满足感、教学动机,从而提高教学学术水平。反之,就会导致教学学术水平的降低。

最后,学校支持促进了教师的教学学术认同和归属感。教师的教学学术认同和归属感是教师进行教学学术活动的社会属性和情感,它们受到学校支持的促进和增强。例如，如果学校支持为教师提供明确的教学角色、一致的教学期待、共享的教学愿景，那么教师就会有更强的教学学术责任感、自豪感、归属感，从而提高教学学术水平。反之，就会导致教学学术水平的降低。

综上所述，学校支持是教师的教学学术水平的重要影响因素，它通过提供教师的教学学术资源和保障，增强教师的教学学术信心和满意度，促进教师的教学学术认同和归属感，从而激发教师的教学学术水平的提升。因此，增加和改善与教师教学学术相关的学校支持，是提高教师教学学术水平的重要途径和策略。

7.4 同事合作对教学学术提升的影响

同事合作是指教师之间为了共同的教学目标而进行的各种形式的协作和互助，如教学研讨、教学观摩、教学反思、教学辅导等。

首先，同事合作扩展了教师的教学学术视野和知识。教师的教学学术视野和知识是教师进行教学学术活动的基本素养和能力，它们受到同事合作的扩展和丰富。例如，如果教师与同事进行教学研讨，那么教师就会接触到不同的教学理论和实践，拓宽自己的教学思路和方法，增加自己的教学知识和技能，从而提高教学学术水平。相反，如果教师与同事缺乏教学研讨，那么教师就会局限于自己的教学理论和实践，限制了自己的教学思路，不利于教学知识和技能的丰富和提高，导致教学学术水平的降低。

其次，同事合作促进了教师的教学学术反思和改进。教师的教学学术反思和改进是教师进行教学学术活动的重要过程和结果，它们受到同事合作的促进和助力。例如，如果教师与同事进行教学观摩，那么就会从他人的教学中发现自己的教学优势和不足，从而进行有针对性的教学反思和改进，提高教学学术水平。相反，如果教师与同事缺乏教学观摩，那么教师就难以从他人的教学中学习和借鉴，从而缺乏有针对性的教学反思和改进，导致教学学术水平的降低。

最后，同事合作增强了教师的教学学术支持和信任。教师的教学学术支持和信任是教师进行教学学术活动的社会属性和情感，它们受到同事合作的增强。例如，如果教师与同事进行教学辅导，那么教师就会得到他人的教学建议和帮助，增加和提高自己的教学信心和安全感，增强自己的教学责任感和合作意识，从而提高教学学术水平。相反，如果教师与同事缺乏教学辅导，那么教师就会缺少他人的教学建议和帮助，减少和降低自己的教学信心和安全感，减弱自己的教学责任感和合作意识，导致教学学术水平的降低。

综上所述，同事合作是教师的教学学术水平的重要影响因素，它通过扩展教师的教学学术视野和知识，促进教师的教学学术反思和改进，增强教师的教学学术支持和信任，从而促进教师的教学学术水平的提升。因此，加强和改善与教师教学学术相关的同事合作，是提高教师教学学术水平的重要途径和策略。

7.5 学生反馈对教学学术提升的影响

学生反馈是指学生对教师的教学表现和效果的评价和反馈，如教学评价、教学建议、教学互动等。

首先，学生反馈检验了教师的教学学术效果和问题。教师的教学学术效果和问题是教师进行教学学术活动的直接反馈和结果，它们受到学生反馈的检验。例如，如果学生反馈对教师的教学给予高度的评价和肯定，那么教师就会认为自己的教学达到了预期的目标和效果，从而提高教学学术水平。相反，如果学生反馈对教师的教学评价很低或直接否定，那么教师就会认为自己的教学存在明显的问题和不足，导致教学学术水平的降低。

其次，学生反馈促进了教师的教学学术调整和优化。教师的教学学术调整和优化是教师进行教学学术活动的必要过程和手段，它们受到学生反馈的促进和指导。例如，如果学生反馈对教师的教学提出了具体的建议和意见，那么教师就会根据学生的反馈对自己的教学进行有针对性的调整和优化，从而提高教学学术水平。相反，如果学生反馈对教师的教学没有提出具体的建议和意见，或者提出了不合理的建议和意见，那么教师就难以根据学生的反馈对自己的教学进行有针对性的调整和优化，导致教学学术水平的降低。

最后，学生反馈激发了教师的教学学术兴趣和动机。教师的教学学术兴趣和动机是教师进行教学学术活动的内在驱动力和激励，它们受到学生反馈的激发和影响。例如，如果学生反馈对教师的教学表现出了高度的兴趣和参与的热情，那么教师就会感受到教学的乐趣和价值，从而提高教学学术水平。相反，如果学生反馈对教师的教学表现出了很低的兴趣或不愿意参与，那么教师就会感受到教学的压力和无趣，导致降低教学学术水平。

综上所述，学生反馈是教师的教学学术水平的重要影响因素，它通过检验教师的教学学术效果和问题，促进教师的教学学术调整和优化，激发教师的教学学术兴趣和动机，从而提升教师的教学学术水平。因此，获取和利用与教师教学学术相关的学生反馈，是提高教师教学学术水平的重要途径和策略。

总之，教师的工作环境是影响教师的教学学术水平的重要因素，它包括学校文化、学校制度、学校支持、同事合作和学生反馈等方面。这些因素通过决定教师的教学理念和目标,影响教师的教学学术氛围和条件,塑造教师的教学学术态度和行为,规范教师的教学学术行为和标准,激励教师的教学学术发展和创新,促进教师的教学学术交流和合作,提供教师的教学学术资源和保障,增强教师的教学学术信心和满意度,促进教师的教学学术认同和归属感,扩展教师的教学学术视野和知识,促进教师的教学学术反思和改进,增强教师的教学学术支持和信任,检验教师的教学学术效果和问题,促进教师的教学学术调整和优化,激发教师的教学学术兴趣和动机,从而促进教师的教学学术水平的提升。因此,改善和优化教师的工作环境,是提高教师教学学术水平的重要途径和策略。

第8章　教师所处的社会文化对教学学术提升的影响

社会文化是指社会价值观、社会需求、社会变革和社会资源等,它是教师的教学活动的社会背景。社会文化决定了教师的教学目标和导向,影响教师的教学学术的意义和贡献。本章将分别从社会价值观、社会需求、社会变革和社会资源四个方面论述社会文化是如何影响他们的教学学术水平的。

8.1　社会价值观对教学学术提升的影响

社会价值观是一种在社会中被广泛接受和认同的价值取向,它表达了社会对美好生活的向往、对事物的判断和对行为的规范。社会价值观是社会的灵魂和凝聚力,它影响着社会的方方面面,包括教育。教师的社会价值观是教师对社会和文化的价值、理念、信念、规范、传统等的认同和追求,是教师的世界观和人生观的重要组成部分。作为教育的主体,教师的教学学术水平受到社会价值观的深刻影响,因为社会价值观决定了教师在教学过程中的目标、内容和方法的选择。社会价值观的不同,导致了教师的教学学术的不同,教师需要根据社会价值观的要求,调整自己的教学观念和行为,以适应社会的需要和发展。

具体来说,教师的社会价值观影响着教师的教学目标、教师的教学动机和教学选择,以及教师的教学责任和教学评价。

首先,教师的社会价值观决定了教师的教学目标。教师的教学目标是教师在教学中所期望达到的教育效果,是教师的教学行为的导向和依据。教师的教学目标反映了教师对教育的本质和意义的理解,也反映了教师对学生的期待和要求。教师的教学目标是教师的教学价值的具体体现。教师的社会价值观在很大程度上决定了教师的教学目标。教师的社会价值观,影响教师对教育的目的和功能的认识,也影响教师对学生的角色和地位的认识。

教师的社会价值观决定了教师在教学中所关注的重点和侧重的方面,也决定了教师在教学中所采用的方法和手段。教师的社会价值观体现了教师的教育理想和教育情怀,也体现了教师的教育责任和教育担当。例如,有些教师的社会价值观重视人的全面发展、学生的个性和创造力培养,尊重学生的主体性和多样性,那么这些教师的教学目标就会更加注重培养学生的综合素质和创新能力,更加注重激发学生的兴趣和潜能,更加注重促进学生的自主学习和个性发展,这些教师的教学价值就体现在促进学生的成长上。如果教师的社会价值观更重视社会的需求和竞争,以及知识和技能的传授,强调学生的规范和效率,那么这些教师的教学目标就会更加注重传授知识和技能,以及提高考试分数和升学率,因此他们会倾向于培养学生的竞争力和优势,这些教师的教学价值则主要体现在提升学生的成绩和水平上。

教师的社会价值观影响了教师在教学中的选择和决策,以及教师对教学的评价和反馈。教师的教学目标是教师在教学中的导向和动力,影响教师的教学行为和教学效果。例如,如果教师的教学目标是培养学生的创造力,那么教师可能会选择一些开放性的、探究性的、多元化的教学方法,如项目式学习、问题式学习、合作学习等。教师也可能会给学生更多的自由和空间,让学生自己选择和设计学习内容和方式,鼓励学生提出自己的观点和想法,创造自己的作品和成果。教师对教学的评价和反馈也可能会更加关注学生的创造过程和创造能力,而不仅仅是创造产品和创造效果。如果教师的教学目标是传授学生专业知识,那么教师可能会选择一些传统的、系统的、规范的教学方法,如讲授式学习、演示式学习、练习式学习等。教师也可能会给学生更多的指导和要求,让学生按照教师的安排和计划学习,要求学生掌握和记忆教师传授的知识和信息,完成教师布置的作业和任务。教师对教学的评价和反馈也可能会更加关注学生的知识掌握和知识运用情况,而不仅仅是知识理解和知识感受情况。

因此,教师的社会价值观决定了教师对教学的意义和价值的看法,以及教师对学生的期待和要求。教师的教学目标是教师在教学中想要达到的效果和标准,它反映了教师的教学理念和教学价值。教师的社会价值观通过教学目标的设定与选择,影响教师的教学学术水平。

其次,教师的社会价值观影响了教师的教学动机和教学选择。教师的教学动机是教师从事教学活动的内在驱动力,是教师的教学行为的源泉和动力。教师的教学动机反映了教师对教学的态度和情感,也反映了教师对教学的兴趣和热情。教师的教学动机是教师的教学学术的基础和保障。教师的教学选择是指教师在教学过程中所做的各种决策,是教师的教学行为的具体表现。教师的教学选择反映了教师的教学思维和教学能力,也反映了教师的教学风格和教学特色。教师的教学选择是教师的教学学术的内容和形式。

教师的社会价值观在很大程度上影响教师的教学动机和教学选择。教师的社会价值观影响教师对教学的认同和满足,也影响教师对教学的投入和奉献。教师的社会价值观影响教师在教学中所遵循的原则和标准,也影响教师在教学中所采取的策略和措施。教师的社会价值观体现了教师的教学意志和教学信念,也体现了教师的教学智慧和教学创造。

教学动机是教师参与教学学术的内在驱动力,它影响教师的教学态度、教学行为、教学效果及教学发展。如果教师的教学动机是内在的,那么教师会更加主动地参与教学学术,更加积极地探索教学问题和其解决方案,更加自信地展示教学的成果和收获,更加愿意与他人分享教学的经验和感受。这样教师的教学学术水平和质量就会提高,教师的教学满意度和成就感也会增强,教师的教学能力和水平也会提升。如果教师的教学动机是外在的,那么教师会被动地参与教学学术,消极地应对教学的困难和挑战,拘谨地表达教学的观点和建议,抵触与他人交流教学的问题和需求。这样教师的教学学术水平和质量就会降低,教师的教学压力和焦虑感也会增加,教师的教学能力和水平也会下降。因此,教师的社会价值观通过影响教师的教学动机,进而影响教师的教学学术。教师的社会价值观越能激发教师的内在动机,教师的教学学术就越能得到发展和提高。教师的社会价值观越容易引发教师的外在动机,教师的教学学术就越容易受到阻碍和降低。

如果教师的社会价值观认为教师是一种为社会做贡献的职业,那么教师的教学动机就可能是内在的,也就是说,教师教学的动力来自教师自己的兴趣、满足感、成就感等。教师会享受教学的过程,认为教学是一种有意义的活动,也会关注教学的社会效益和价值。教师会主动地参与教学学术,寻求教学的创新和改进,以提高教学的质量和水平。如果教师的社会价值观认为教师是一种为自己谋利的职业,那么教师的教学动机可能就是外在的,也就是说,教师教学的动力来自教师外部的奖励、压力、惩罚等。教师会看重教学的收入、地位、名誉等,也会受到教学的规则、制度、评价等的影响。教师会被动地参与教学学术,遵循教学的常规和要求,以保证教学的稳定和安全。

最后,教师的社会价值观塑造了教师的教学责任和教学评价。教师的教学责任是指教师在教学中应该承担的义务和职责,它反映了教师的教学角色和教学使命。教师的教学责任包括对学生的责任、对教学内容的责任、对教学方法的责任、对教学环境的责任、对教学效果的责任及对教学发展的责任等。教师的教学评价是指教师在教学中对教学的实施和效果进行的判断和反馈,反映了教师的教学标准和教学质量。教师的教学评价包括对自己的评价、对学生的评价、对教学内容的评价、对教学方法的评价、对教学环境的评价、对教学效果的评价及对教学发展的评价等。

教师的社会价值观会影响教师的教学责任和教学评价，因为教师的社会价值观决定了教师对教学目的和意义的看法，以及教师对教学态度和情感的表达。教师的社会价值观会影响教师在教学中的选择和决策，以及教师对教学的反思和改进。教师的教学责任和教学评价又会影响教师的教学学术，因为教师的教学责任和教学评价是教师参与教学学术的基础和条件。教师的教学责任和教学评价会影响教师的教学行为和教学效果，以及教师的教学问题及其解决方案。

具体来说，教师的社会价值观通过影响教师的教学责任和教学评价，进而影响教师的教学学术。如果教师的社会价值观认为教师是一种服务社会的职业，那么教师的教学责任和教学评价可能是高度的，也就是说，教师会对自己和学生有较高的要求和期望，对教学内容和方法有较高的标准和质量要求，对教学环境和效果有较高的关注和评价，对教学发展和创新有较高的责任和担当。这样，教师的教学学术水平和质量也会提高，教师会更加主动地参与教学研究和改进，更加积极地探索教学问题和其解决方案，更加自信地展示教学成果和收获，更加愿意与他人分享教学经验和感受。如果教师的社会价值观认为教学是一种为自己谋利的职业，那么教师的教学责任和教学评价可能是低度的，也就是说，教师会对自己和学生有较低的要求和期望，对教学内容和方法有较低的标准和质量要求，对教学环境和效果有较低的关注和评价，对教学发展和创新有较低的责任和担当。这样，教师的教学学术水平和质量也会降低，教师会被动地参与教学研究和改进，消极地应对教学的困难和挑战，拘谨地表达教学的观点和建议，抵触与他人交流教学的问题和需求。

总而言之，教师的教学学术水平不是孤立的，而是与社会价值观密切相关。社会价值观是教师的教学学术的外部环境和内在动力，它影响着教师的教学目的、教学内容和教学方法的选择。教师需要根据社会价值观的变化和发展，不断调整自己的教学学术，以适应社会的需求和期待。只有这样，教师的教学学术才能真正体现出教师的价值和作用。

8.2 社会需求对教学学术提升的影响

教师的社会需求是指教师所关注和回应的一些社会和文化的需求、期望、挑战、问题等，是教师教学行为的目的和意义。教师的社会需求对教学学术的提升有影响，是因为教师的教学不仅是个人的行为，也是社会的行为。教师的教学受到社会的影响，也反过来影响社会。教师的社会需求可以激发教师的教学动机，促使教师不断探索和创新教学方法,提高教学效果,满足学生的多元化需求,培养学生的社会责任感和公民意识,为社会的发展和进步做出贡献。教师的社会需求也可以指导教师的教学目标,使教师的教学与社会的需求、期待相一致,增强教师的教学信心和满足感,提升教师的教学水平和专业素养。因此,教师的社会需求是教学学术的重要驱动力和方向指引。

8.2.1 教师独特的社会需求

由于教师的职业特点和社会角色不同于其他的职业群体,因此,教师的社会需求具有自己的特征。

首先,教师的社会需求需要关注和回应社会的变化和发展,如科技的进步、经济的转型、文化的多样、价值的冲突等,以及这些变化对教育和学生的影响和挑战。教师需要不断更新自己的知识和技能,以适应社会的需求和期待。其次,教师的社会需求需要关注和回应社会的公平和正义,如教育机会、资源、质量、成果等的分配和评价,以及其对教育和学生的影响和挑战。教师需要不断增强自己的责任和道德意识,以促进社会的公平和正义。最后,教师的社会需求需要关注和回应社会的创新和发展,如教育理念、目标、内容、方法、评价等的改革和创新,以及这些改革和创新对教育和学生的影响和挑战。教师需要不断增强自己的创造力和创新能力,以推动社会的创新和发展。

这些社会需求是教师所独有的,因为教师是社会的教育者和引领者,教师的教学不仅影响着学生的个人成长,也影响着社会的整体进步。教师需要关注和回应社会的变化和发展,提升自己的教学水平和专业素养,以适应社会的需求和期待。教师需要关注和回应社会的公平和正义,以促进教育的公平和质量的提升,培养学生的社会责任感和公民意识。教师需要关注和回应社会的创新和发展,以推动教育的改革和创新,培养学生的创造力和创新能力。同时,教师还是学生的导师和榜样,教师的教学不仅传授知识和技能,也塑造品德和人格。教师需要关注和满足学生的多元化需求,以尊重和促进学生的个性化发展,提高自己的教学效果和学生的学习成果。教师需要关注和激发学生的兴趣和动机,以引导和支持学生主动学习,提高自己的教学质量和效果。教师需要关注和提升学生的创造力和创新能力,以培养和提升学生的终身学习能力和适应能力。因此,教师的社会需求是教师教学的动力和方向,也是教师教学的价值和意义。

教师所独有的这些社会需求能够影响他们的教学学术水平的提升,是因为这些社会需求可以激发教师的学习动机,促进教师的专业发展,提高教师的教学质量和效果。教师的社会需求可以帮助教师明确教学的目的和意义,使教师的教学与社会的需求、期待相一致,增强教师的教学信心和满足感。教师的社会需求还能激发教师的求知欲和好奇心,使教师不断更新自己的知识和技能,以适应社会的变化和发展,提升教师的教学水平和专业素养。教师的社会需求可以促进教师的反思和创新,使教师不断探索和改进自己的教学方法和策略,以满足学生的多元化需求,提高教师的教学效果和学生的学习成果。教师的社会需求还能培养教师的责任和道德意识,使教师不断关注和回应社会的公平和正义,以促进教育的公平和质量的提升,培养学生的社会责任感和公民意识。

然而,教师的社会需求不仅可以提高教师的教学学术水平,也可能降低教师的教学学术水平,这取决于教师如何理解和应对这些社会需求。如果教师能够正面地认识和接受这些社会需求,将其作为教学的动力和方向,那么教师的教学学术水平就会提高。如果教师能够积极地参与和为这些社会需求贡献,将其作为教学的价值和意义,那么教师的教学学术水平就会提高。但是,如果教师对这些社会需求有消极的态度和反应,将其作为教学的负担和压力,那么教师的教学学术水平就会降低。如果教师对这些社会需求有被动的态度和反应,将其作为教学的障碍和困难,那么教师的教学学术水平就会降低。

教师的社会需求是教学学术的重要影响因素,教师应该正确地认识和处理这些社会需求,以提升自己的教学学术水平。

8.2.2 教师的社会需求对教学学术水平的提升的影响

教学学术水平的提升受到教师的社会需求的影响,由上文可知,教师的社会需求主要包括社会的变化和发展、社会的公平和正义、社会的创新和发展。这三个方面的社会需求会从不同的角度和层面,对教师的教学学术水平产生影响和提出要求,教师需要不断地关注和回应这些社会需求,以提升自己的教学水平和专业素养。

首先,关注和回应社会的变化和发展的社会需求,会影响教师的教学学术水平,是因为社会的变化和发展会带来新的知识、技能、理念、问题、挑战等,这些都会对教育和学生产生影响和要求。教师需要不断更新自己的知识和技能,以适应社会的需求和期待。这一社会需求激发教师的求知欲和好奇心、促进教师的专业发展。激发教师的求知欲和好奇心是指教师会对社会的变化和发展感兴趣,会主动地学习和掌握新的知识和技能,会积极地参与和交流学术研究和活动,会不断地拓展和深化自己的知识和技能,从而提高自己的教学水平和专业素养。例如,教师可以通过阅读最新的学术期刊、参加专业的研讨会、加入学术社群等方式,了解社会的变化和发展,如人工智能、生物技术、环境保护等领域的最新进展和发展趋势，从而提高自己的知识和技能，拓展自己的视野和思维。促进教师的专业发展是指教师会根据社会的变化和发展，调整和优化自己的教学目标、内容、方法、评价等，会结合自己的教学实践，进行系统的研究、反思和改进，会与同行、专家进行合作和交流，会不断地提升和改善自己的教学质量和效果。例如，教师可以根据社会的变化和发展，设计和实施与时俱进的教学方案，如利用多媒体、网络、虚拟现实等技术，为学生提供丰富的教学资源和学习环境，从而提高自己的教学质量和效果，提升自己的教学能力和水平。

其次，关注和回应社会的公平和正义的社会需求，会影响教师的教学学术水平，是因为社会的公平和正义是教育的基本价值和目标，也是教师的基本责任和道德。教师需要不断关注和回应社会的公平和正义，以促进教育的公平和质量的提升，培养学生的社会责任感，为社会的发展和进步做出贡献。这一社会需求可以培养教师的责任感和道德感、促进教师优化教育理念和目标。培养教师的责任感和道德感，使教师对社会的公平和正义保持敏感和关切，主动地关注和回应社会的问题和挑战，积极地为社会的改革和创新做出贡献，不断培养自己的责任感和道德感，从而增强自己的教学信心和满足感。例如，教师可以通过关注和参与社会的公益活动、志愿服务、社区建设等方式，关注和回应社会的公平和正义，如消除贫困、保护弱势群体、促进社会和谐等，从而培养自己的责任感和道德感，增强自己的教学信心和满足感。促进教师优化教育理念和目标，使教师根据社会的公平和正义，确立和实现自己的教育理念和目标，关注和满足学生的多元化需求，尊重和促进学生的个性化发展，培养和提升学生的社会责任感和公民意识，从而提高自己的教学效果和学生的学习成果。例如，教师可以根据社会的公平和正义，确立和实现以人为本、以学生为中心的教育理念和目标，如尊重和满足学生的个性化、多元化、差异化的需求，促进学生的全面发展。

最后，关注和回应社会的创新和发展的社会需求，会影响教师的教学学术水平，是因为社会的创新和发展是教育的动力和方向，也是教师发展的动力和方向。教师需要不断关注和回应社会的创新和发展，以推动教育的改革和创新，培养学生的创造力和创新能力，为社会的发展和进步做出贡献。这种社会需求可以增强教师的创造力和创新能力、促进教师改进教学方法和策略。增强教师的创造力和创新能力，使教师对社会的创新和发展保持热情和激情，主动地探索和尝试新的教学方法和策略，积极地进行教学创新和实验，不断地改善自己的教学质量和效果。例如，教师可以通过培养创新型人才、推动科技进步、促进经济转型等，从而提高和改善自己的教学质量和效果，提升自己的教学水平和专业素养。促进教师改进教学方法和策略是指教师会关注和激发学生的兴趣和动机，会引导和支持学生的探究和发现。教师可以引导和支持学生采取主动学习、合作学习、探究学习、项目学习等方式,为学生提供有趣的教学内容和具有挑战性的教学任务,从而激发和提升学生的创造力和创新能力,培养学生的终身学习能力和适应能力。

8.2.3 教师的社会需求影响教学学术提升的过程

首先,教师的社会需求影响了教师的知识和技能。知识和技能是教师的教学学术水平的基础,教师的社会需求可以促使教师不断更新自己的知识和技能,以适应社会的变化和发展。社会的变化和发展会带来新的知识和技能的需求,教师需要主动地学习和掌握新的知识和技能,以丰富和优化自己的教学资源和环境,提高自己的教学效率和质量。例如,随着科技的进步,教师需要掌握和运用新的教育技术,如多媒体、网络、虚拟现实等。社会的变化和发展也会带来新的学术研究和活动,教师需要了解和参与新的学术研究和活动,以拓展和深化自己的教育理念和目标,提高自己的教育水平和专业素养。例如,随着经济的转型,教师需要关注创新教育、创业教育、素质教育等领域的最新进展和发展趋势。

其次,教师的社会需求影响了教师的教学质量和效果。学生的多元化需求是社会的多元化需求的反映,教师需要采用不同的教学方法和策略,以尊重和满足学生的个性化、多元化、差异化的需求,促进学生的全面发展。例如,教师可以根据学生的背景、兴趣、能力、风格等,采用个性化教学、差异化教学、情境化教学等方式。

再次,教师的社会需求影响了教师的教学信心和满足感。教学信心和满足感是教师的教学学术水平的动力,教师的社会需求可以促使教师不断关注和回应社会的公平和正义,以促进教育的公平,增强自己的教学信心和满足感。社会的公平和正义是教育的基本价值和目标,也是教师的基本责任和道德,教师需要关注和回应社会的公平和正义,以培养自己的责任感和道德感,从而增强自己的教学信心和满足感。例如,教师可以通过消除教育的不公平、保护教育的弱势群体、促进教育的质量和效率提升等方式,关注和回应社会的公平和正义。例如,教师可以通过培养公民的素养和意识、推动社会的和谐和稳定、促进社会的改革和创新等方式,关注和回应社会的公平和正义。

最后,教师的社会需求影响了教师的教学创新和研究。教学创新和研究是教师的教学学术水平提升的手段,教师的社会需求可以促使教师不断关注和回应社会的创新和发展,以推动教育的改革和创新,增强自己的教学创新和研究能力。教师需要关注和回应社会的创新和发展,以提高自己的创造力和创新能力,从而增强自己的教学创新和研究能力。例如，教师可以通过关注创新教育、创业教育、素质教育等领域的最新进展和发展趋势，关注和回应社会的创新和发展。教师也需要探索和尝试新的教学方法和策略、分享教学创新和研究成果、参与和领导教学的改革和创新。

综上所述，教师的教学学术水平受到社会需求的影响。社会需求从不同的角度和层面，对教师的教学学术水平产生影响和要求，教师需要不断地关注和回应这些社会需求，以提升自己的教学水平和专业素养。因此，教师的教学学术水平不仅取决于教师自身的能力和素质，也取决于社会需求的影响和驱动。教师需要根据社会需求的变化和发展，不断完善自己的教学学术，以满足社会的要求和期望。

8.3 社会变革对教学学术提升的影响

社会变革会带来新的教育需求、新的教育环境、新的教育理念和新的教育技术，这些都会促使教学学术不断地更新、创新和发展，因此，社会变革对教学学术的提升具有重要的影响作用。这是因为社会变革涉及文化、科技等多个领域，这些领域的发展和变化会对人才的素质和能力提出新的要求，从而导致教育需求的变化。例如，智能时代需要具备创新思维、信息素养、跨文化交流能力的人才。为了适应这些新的教育需求，教师的教学学术就要不断地探索和完善教育目标、教育内容、教育方法等，以培养符合时代要求的人才。此外，社会变革会改变教育的外部条件和内部机制，从而创造新的教育环境。例如，互联网的发展使得教育资源全球化、教育信息虚拟化、教育手段多媒体化、教学方式个性化、学习自主化和活动合作化。在新的教育环境下，教学学术就要利用新的教育资源、教育信息、教育技术等，改进教育教学的组织形式、管理模式、评价方式等，以提高教育教学的效率和质量。社会变革也会影响人们对教育的价值观和认识论，从而引发新的教育理念。例如，生态危机的加剧促使教育更加关注可持续发展，强调教育的生态意识，增强教育的生态功能，推动教育的转型和创新。面对新的教育理念，教学学术需要更新和丰富教育的理论基础和研究方法，以反映教育的多样性、开放性和动态性。

社会变革对教学学术的提升有积极的影响，教学学术也要不断地适应和引领社会变革，实现教学学术的发展和社会的进步。社会变革对教学学术的影响表现在教学学术的研究领域和研究方向、研究水平和研究质量，以及研究成果和研究应用等方面。

8.3.1　社会变革影响教学学术的研究领域和研究方向

社会变革会产生新的教育现象和教育问题，这些现象和问题需要教学学术进行探索和解决。例如，社会变革引发的社会公平、社会包容、社会创新等领域的问题，都是教学学术关注的重要课题。社会变革也会提供新的教育视角和教育理念，这些视角和理念需要教学学术进行借鉴和创新。例如，社会变革推动了教育的全球化、智能化发展趋势等，都是教学学术研究的新的方向。

社会变革会促进教学学术的研究领域的拓展和交叉。社会变革涉及社会的各个方面，如经济、政治、文化、科技、教育等领域，这些也是教学学术关注的领域。社会变革会带来新的教育需求和教育趋势，这些都需要教学学术进行研究和解决。因此，教学学术的研究领域会随着社会变革的发展而不断地拓展和更新，涵盖更多的学科。同时，社会变革也会促进不同的学科和领域之间的交流和融合，形成新的交叉学科和综合领域。例如，教育人类学、比较教育学、教育经济学、教育史学等，都是教学学术的宏观研究方向，它们在社会变革的背景下，从不同的视角和层面，对教育的本质、规律、目标、功能、效果等进行研究。

社会变革会激发教学学术的研究方向的创新和变革。社会变革会带来新的知识、技术、理念和价值，这些都对教学学术的研究方向提出了新的挑战和要求。教学学术要适应社会变革的需要和规律，就要不断地吸收、借鉴和创造新的教育理论和教育方法，以反映教育的多样性、开放性和动态性。因此，教学学术的研究方向会随着社会变革的进程而不断地变革和创新，涉及更多的主题和问题。例如，社会变革推动的教育的全球化、多元化、智能化发展趋势等，都是教学学术研究的新的方向。例如，学习与教学、特殊教育、教育管理及领导学、课程设置等，都是教学学术的研究方向和学校管理方向，它们都是在社会变革的影响下，针对教育教学的实践和改进，对教育的内容、方法、组织、评价等进行研究的主题。

8.3.2　社会变革影响教学学术的研究水平和研究质量

社会变革会提高教学学术的研究要求和研究标准，这些要求和标准需要教学学术进行保证和提升。例如，社会变革要求教学学术具有更高的学术水平、更强的学术创新、更广的学术影响和更大的学术贡献。社会变革也会提供新的研究方法和研究技术，这些方法和技术需要教学学术进行运用和优化。例如，社会变革推动发展的数据科学、人工智能、网络分析等技术，都是教学学术研究的新的工具。教学学术的研究水平和研究质量是指教学学术的研究要求和研究标准,它们是衡量教学学术的价值和意义的重要指标。

社会变革会提高教学学术的研究水平。社会变革会带来新的知识、技术、理念和价值,这些都对教学学术的研究水平提出了新的挑战和要求。教学学术要适应社会变革的需要和规律,就要不断地更新和丰富教育的理论基础和研究方法,以反映教育的多样性、开放性和动态性。因此,教学学术的研究水平会随着社会变革的进程而不断地提高,涉及更多的主题和问题。例如,教学学术要关注社会变革对教育的影响和挑战,如智能时代的教育、多元文化的教育、可持续发展的教育等,这些都需要教学学术进行深入的探索和分析。

此外,社会变革会保证教学学术的研究质量。教学学术要保证研究质量,就要遵循学术的原则和规范,如科学性、客观性、创造性、系统性等,以提高研究的可信度和有效性。

8.3.3 社会变革影响教学学术的研究成果和研究应用

社会变革会增加教学学术的研究价值和研究意义,这些价值和意义需要教学学术进行展示和实现。例如,社会变革需要教学学术的研究成果能够解决实际的教育问题、促进教育的改革和发展、推动社会的进步和文明。社会变革也会提供新的研究场景和研究对象,这些场景和对象需要教学学术进行适应和研究。例如,社会变革涉及的各类教育机构、教育人员、教育群体、教育社区等,都是教学学术研究的新的对象和伙伴。社会变革对教学学术的研究成果和研究应用都有重要的影响。

社会变革会增加教学学术的研究价值。社会变革会带来新的知识、技术、理念和价值,这些都对教学学术的研究价值提出了新的挑战和要求。教学学术要适应社会变革的需要和规律,就要不断地探索和解决教育的重大理论和实践问题,以反映教育的多样性、开放性和动态性。因此,教学学术的研究价值会随着社会变革的进程而不断地增加,涉及更多的主题和问题。

社会变革会促进教学学术的研究应用。社会变革会改变教育的外部条件和内部机制,影响教育的目标、内容、方法、形式、评价等各个方面,促使教育进行相应的调整和改革,以适应社会的发展和需求。教学学术要实现研究应用,就要将研究成果转化为教育的理论、方法、策略、政策、制度等,以指导和促进教育的实践和发展。因此,教学学术的研究应用会随着社会变革的进程而不断地优化,涉及更多的领域和层面。例如,教学学术要推动教育的创新和变革,如教育质量保障、教育公平与包容、教育终身化与个性化等,这些都需要教学学术提供有效的服务。

社会变革对教学学术的提升有重要的影响,这种影响是一个动态的、互动的、循环的过程,教学学术与社会变革相互作用、相互促进,从而实现教学学术的提升和社会的进步。

8.4 社会资源对教学学术提升的影响

教学学术是提高教师专业素养和教学效果的重要途径,需要教师不断地探索、创新和分享自己的教学实践和理念。教师的教学实践和理念并不是孤立的,而是与教师所处的社会和文化环境密切相关的。社会资源是教师在这一环境中可以利用和获取的有益的条件和支持,是教师所利用和获取的设施、服务、网络、机构等,它是教师教学行为发生的资源和机会,对教师的教学学术提升有重要影响。

8.4.1 良好的社会资源可以促进教师专业成长

教师专业成长是指教师在教学过程中,不断地提高自己的专业知识和能力,提升自己的专业水平和素养。教师专业成长是其教学学术提升的基础和保障,教师专业成长与否决定了教师能否准确、深入、全面地传授学科知识,能否有序、高效、有趣地组织和实施教学活动,能否合理、科学、有效地规划和安排教学内容。

社会资源可以为教师专业成长提供更多的支持和帮助,主要表现为良好的社会资源可以提供给教师更多的学习和发展的机会。教学学术的提升需要教师不断地学习和发展自己的专业知识和能力,而社会资源可以为教师提供各种各样的学习资源和机会,帮助教师更新和拓展自己的知识和能力,提高自己的专业水平和素养。例如,教师可以通过参加学科培训、研讨会、讲座等活动,了解最新的学科动态和研究成果,更新和拓展自己的学科知识,提高自己的学科素养和水平;教师也可以通过访问和阅读教育网站、数据库、图书馆、期刊等资源,获取更多的教学资料和信息,丰富和深化自己的教学知识,提高自己的教学敏感度和创造力;教师还可以通过加入教育组织、协会、社区、网络等,与其他教师建立联系和沟通,分享和交流自己的教学观点和经验,借鉴和学习他人的教学优点和创意。

8.4.2 良好的社会资源可以激发教师教学创新

教师教学创新是指教师在教学过程中,不断地尝试和实施新的教学理念、方法、内容、形式等,以适应教学环境的变化,满足学生学习的需求,提高教学效果。教学创新是教学学术提升的核心和关键,教师教学创新与否决定了教师能否有效、适当、有针对性地将学科知识呈现给学生,能否根据学生的认知水平和学习风格选择和设计合适的教学方法和策略,能否帮助学生攻克学科的难点。

社会资源可以为教师教学创新提供更多的支持和帮助,主要表现为良好的社会资源可以促进教师之间的交流和合作。教学学术的提升需要教师之间的交流和合作,而社会资源可以为教师提供更多的交流和合作的渠道和平台,帮助教师之间建立和维持良好的关系,提高教师的教学效率和质量。例如,教师可以通过参与一些教学项目、课题、活动等,与其他教师共同探讨和解决教学中的问题和困难,提升自己的教学能力和效果;教师也可以通过获得教育奖励、认可、评价、反馈等,感受到自己的教学成果和价值,增强自己的教学满足感和自豪感;教师还可以通过得到教育支持、帮助、指导、建议等,克服自己的教学困惑和挑战,增强自己的教学信心和决心。

8.4.3 良好的社会资源可以促进教师教学反思

教师教学反思是指教师在教学过程中,不断地对自己的教学行为、思想、方法、效果等进行观察、分析、评价、总结、改进。教学反思是教学学术提升的过程和结果,教师教学反思与否决定了教师能否有效、及时、持续地提升自己的教学质量和水平,能否发现和解决自己的教学问题和困难,能否提升自己的教学满意度和幸福感。

社会资源可以为教师的教学反思提供更多的支持和帮助,主要表现为良好的社会资源可以增强教师的教学动力和信心。教学学术的提升需要教师有足够的教学动力和信心,而社会资源可以为教学动力和信心提供来源和保障,帮助教师保持和提高自己的教学热情和积极性,提高教师的教学满意度和幸福感。例如,教师可以通过观摩和参与其他教师的教学,对自己的教学行为和效果进行实时的比较和评估,发现和改正自己的教学不足和错误,提高自己的教学质量和水平;教师也可以通过记录和分析自己的教学过程和结果,对自己的教学思想和方法进行深入的回顾和总结,发现和创造自己的教学优势和特色,促进自己的教学创新和优化自己的教学效果;教师还可以通过与其他教师进行教学研讨和交流,对自己的教学理念和实践进行批判性的反思和检验,发现和解决自己的教学困境和矛盾,提高教学理论和实践的一致性和协调性。

总之,社会资源是教师教学行为的条件和机会,它们对教学学术的提升有着重要的影响。社会资源可以为教师提供更多的学习和发展的机会,促进教师专业成长;可以为教师提供更多的交流和合作的渠道和平台,激发教师教学创新;可以为教师反思提供更多的支持和帮助。教师应该充分获取和利用社会资源,提高教学学术水平和能力,从而提升教学质量和效果,获得教学满足感和幸福感。

第 9 章　教师教学学术提升的路径

教学学术提升是教师在教学学术发展过程中的核心问题,也是教学学术发展的最终目的。教学学术提升是指教师在教学活动中,通过不断学习、实践、反思和创新,提高自身的教学学术水平和能力的过程。教学学术提升是一个复杂的、多元的、动态的过程,受到多种因素的影响,如教师的教学个性心理特征、教育背景、专业领域、工作环境和教师所处的社会文化等。教学学术的提升是一个有目的、有导向、有规律的过程,需要遵循一定的路径,如教学学术的认知路径、情感路径、行为路径、结果路径等。教学学术提升是一个有价值、有意义、有贡献的过程,需要评价其效果和成就,如教学学术的标准、指标、评估、反馈等。

教学学术提升的路径的探索是教师教学学术提升的基础,也是教师教学学术提升的理论创新。教学学术提升的路径的探索是对教师教学学术提升的过程、因素、规律、效果等进行系统、深入、创造性的理论分析和理论构建的活动。

教学学术提升路径的探索具有极强的必要性和重要的意义。首先,教师教学学术提升路径的理论探索有助于提高教师教学学术提升的理论水平和理论意识,使教师能够从理论的高度和深度去认识和把握教学学术提升的本质和特征,从而保障教学学术提升的主动性和自觉性。其次,教师教学学术提升路径的理论探索有助于丰富和完善教师教学学术提升的理论体系和理论框架,使教师能够从理论的广度和深度去掌握和运用教学学术提升的理论知识和理论方法,从而保障教学学术提升的有效性和科学性。最后,教师教学学术提升路径的理论探索有助于推动和促进教师教学学术提升的理论创新和理论发展,使教师能够依据理论的前沿趋势和发展动态去发现和解决教学学术提升的理论问题和理论困境,从而保障教学学术提升的创新性和前瞻性。

9.1　教学学术提升路径的理论依据

构建教师教学学术提升路径的理论依据是本书所提出的影响教师教学学术提升的五要素模型。如前所述,该模型由教师的教学个性心理特征、教育背景、专业领域、工作环境和教师所处的社会文化五个核心要素组成,它们可以概括为两个因素、三个层面和四个维度。

两个因素概括了影响教学学术提升的内部因素和外部因素，内部因素是指教师自身的特征，如教学个性心理特征、教育背景和专业领域；外部因素是指教师所处的环境，如工作环境和社会文化等。内部因素和外部因素之间存在着双向的影响，即内部因素受到外部因素的影响，外部因素也受到内部因素的影响。

三个层面代表了影响教学学术提升的因素之间的层次关系，分别是基础层、内容层和目标层，基础层是指教师教学学术提升的基础和水平，它包括教师的教学个性心理特征和教育背景；内容层是指教师教学学术提升的内容和方法，它包括教师的专业领域和工作环境；目标层是指教师教学学术提升的目标和导向，它包括教师所处的社会文化。基础层、内容层和目标层之间存在着层次的关系，即基础层支撑内容层，内容层实现目标层，目标层反馈基础层。

四个维度代表了教学学术提升的循环关系，分别是认知维度、情感维度、行为维度和结果维度，认知维度是指教师教学学术提升的知识和理解，它包括教师的教学信念和教学认知；情感维度是指教师教学学术提升的情感和情绪，它包括教师的教学态度和教学信心；行为维度是指教师教学学术提升的行为和技能，它包括教师的教学责任和教学兴趣；结果维度是指教师教学学术提升的效果和成就，它包括教师的教学动机。认知维度、情感维度、行为维度和结果维度之间存在着循环的关系，即认知维度影响情感维度，情感维度影响行为维度，行为维度影响结果维度，结果维度影响认知维度。

由于三个层面和四个维度已经涵盖了影响教学学术提升的内部因素和外部因素之间的双向影响关系，因此，教学学术提升的路径仅需对应于五要素的三个层面和四个维度。三个层面之间呈现递进关系，而四个维度内嵌于三个层面中，使得每一个层面的路径都体现出循环发展的关系。具体来说，三个层面的路径是主要通路，而四个维度是主要通路的内部循环。

9.1.1 基础层的循环提升路径

基础层是教师教学学术提升的前提和基础，涉及教师的教学个性心理特征和教育背景。教师的教学个性心理特征反映教师的教学思想和教学情感，也影响教师的教学行为和教学效果。教师的教育背景决定教师的教学学术的起点和水平，也影响教师的教学学术的发展方向和速度。

在认知维度上，教师需要掌握教育学和心理学的基本理论和方法，了解教学学术的内涵和特征，形成正确的教学信念和教学认知，明确教学学术的价值和意义。教师的教学信念是指教师对教学的本质、目的、过程、结果等的看法和观点，它是教师教学行为的指导和驱动力。教师的教学认知是指教师对教学的知识、理解、分析、评价等的能力和水平,它是教师教学行为的基础和保障。教师的教学信念和教学认知应该与教学学术的理念和要求相一致,以促进教学学术的提升。

在情感维度上,教师需要培养积极的教学态度和教学信心,树立教学责任感和教学使命感,激发教学兴趣和教学动机,保持教学热情和教学满足。教学态度是指教师对教学的感受和情绪,它是教师教学行为的动力和表现。教学信心是指教师对教学的自我评价和自我肯定,它是教师教学行为的支撑和保证。教学责任感和教学使命感是指教师对教学的义务和担当,它是教师教学行为的规范和约束。教学兴趣和教学动机是指教师对教学的愿望和目标,它是教师教学行为的方向和动力。教学热情和教学满足是指教师对教学的享受和成就,它是教师教学行为的奖励和反馈。教师的教学态度和教学信心、教学责任感和教学使命感、教学兴趣和教学动机、教学热情和教学满足应该与教学学术的目标和效果相协调,以促进教师教学学术的提升。

在行为维度上,教师需要遵循教育规律和教学原则,遵守教师职业道德和教学规范,展现教师专业品质和教学风格,树立教师良好形象和教学榜样。教育规律和教学原则是指教师在教学活动中应该遵循的客观的、普遍的、必然的规律和原则,它们是教师教学行为的依据和指南。职业道德和教学规范是指教师在教学活动中应该遵守的主观的、特殊的、约定的道德和规范,它们是教师教学行为的要求和限制。专业品质和教学风格是指教师在教学活动中表现出的专业的、独特的、个性的品质和风格,它们是教师教学行为的特征和标志。良好形象和教学榜样是指教师在教学活动中塑造的正面的、有影响的、有价值的形象和榜样,它们是教师教学行为的影响和价值。教育规律和教学原则、职业道德和教学规范、专业品质和教学风格、良好形象和教学榜样应该与教学学术的标准和指标相符合,以促进教师教学学术的提升。

在结果维度上,教师需要通过教学个性心理特征和教育背景的自我评估和他人评价,反馈教学学术的基础和水平,发现教学学术的优势和不足,制定教学学术的目标和计划。自我评估是指教师对自己的教学个性心理特征和教育背景的自我审视和自我判断,它是教师教学行为的自我监督和自我调节。他人评价是指教师接受他人对自己的教学个性心理特征和教育背景的观察和评价,它是教师教学行为的外部监督和外部调节。自我评估和他人评价应该与教学学术的理论和实践相结合,以促进教师教学学术的提升。

9.1.2 内容层的循环提升路径

内容层是教师教学学术提升的核心和关键,它涉及教师的专业领域和工作环境。教师的专业领域决定教师的教学学术的内容和方法,也影响教师的教学学术的创新和贡献。教师的工作环境决定教师的教学学术的机会和资源,也影响教师的教学学术的合作和交流。

在认知维度上,教师需要深入学习和掌握自己所从事的教学和研究的学科和领域的知识和方法,了解学科和领域的发展动态和前沿趋势,形成系统的学科专业知识和学科教学知识。学科专业知识是指教师对自己所从事的教学和研究的学科和领域的基础知识、核心知识、拓展知识、更新知识等的掌握和运用,它是教师教学行为的内容和方法。学科教学知识是指教师对自己所从事的教学和研究的学科和领域的教学目标、教学内容、教学方法、教学评价等的设计和实施,它是教师教学行为的策略和技巧。教师的学科专业知识和学科教学知识应该与教学学术的理论和实践相结合,以促进教师教学学术的提升。

在情感维度上,教师需要培养对自己所从事的教学和研究的学科和领域的热爱和敬畏,树立学科专业自信和学科教学自信,激发学科专业兴趣和学科教学兴趣,保持学科专业热情和学科教学热情。学科专业自信和学科教学自信是指教师对自己所从事的教学和研究的学科和领域的能力和水平的自我评价和自我肯定,它是教师教学行为的支撑和保证。学科专业兴趣和学科教学兴趣是指教师对自己所从事的教学和研究的学科和领域的愿望和目标的自我激励和自我驱动,它是教师教学行为的方向和动力。学科专业热情和学科教学热情是指教师对自己所从事的教学和研究的学科和领域的享受和成就的自我感受和自我表达,它是教师教学行为的奖励和反馈。教师的学科专业自信和学科教学自信、学科专业兴趣和学科教学兴趣、学科专业热情和学科教学热情应该与教学学术的目标和效果相协调,以促进教师教学学术的提升。

在行为维度上,教师需要运用自己所掌握的学科和领域的知识和方法,设计和实施有效的教学活动,管理和评价教学过程和教学结果,反思和改进教学方法和教学策略,展现专业能力和教学技能。教学活动是指教师在教学过程中进行的一些有目的、有计划、有组织、有指导的活动,如讲授、演示、讨论、实验、练习、作业、考试等。教学活动应该符合教学目标、教学内容、教学方法、教学评价等的要求,以实现好的教学效果。教学过程和教学结果是指教师在教学活动中产生的可观察、可测量、可评价的过程和结果,如教师的教学表现、教学反馈、教学评价、教学改进等。教学过程和教学结果应该符合教学标准、教学指标、教学评估、教学反馈等的要求,以反映教学质量。教学方法和教学策略是指教师在教学活动中运用的有效、创新、适合的方法和策略,如案例分析、问题解决、合作学习、项目学习、探究学习等。教学方法和教学策略应该符合教学目的、教学内容、教学对象、教学环境等的要求,以提高教学效率。教师的教学过程和教学结果、教学方法和教学策略,以及教学活动应该与教学学术的内容和方法相结合,以促进教师教学学术的提升。

在结果维度上,教师需要通过专业领域和工作环境的教学评估和教学研究,发现教师教学学术的创新和贡献,制定教师教学学术的标准和指标。教学评估是指教师对自己的教学活动、教学过程、教学结果的分析和评价,它是教师教学行为的检验和评价。教学研究是指教师对自己的教学方法、教学策略、教学效果的探索和研究,它是教师教学行为的创新和发展。教师的教学评估和教学研究应该与教学学术的理论和实践相结合,以促进教师教学学术的提升。

9.1.3 目标层的循环提升路径

目标层是教师教学学术提升的导向和动力,它涉及教师所处的社会文化。教师所处的社会文化决定了教师的教学学术的目标和导向,也影响教师的教学学术的贡献和价值。

在认知维度上,教师需要关注和了解自己所生活和工作于其中的社会文化环境和条件,如社会价值、社会需求、社会变革、社会资源、文化传统、文化多元、文化创新、文化交流等,形成正确的社会观和文化观,明确教学学术的社会责任和文化使命。社会观是指教师对社会的本质、功能、结构、发展等的看法和观点,它是教学行为的社会指导和社会驱动。文化观是指教师对文化的内涵、特征、形式、变化等的看法和观点,它是教学行为的文化指导和文化驱动。教师的社会观和文化观应该与教学学术的理念和要求相一致,以促进教学学术的提升。

在情感维度上,教师需要培养对自己所生活和工作于其中的社会文化的尊重和认同,树立社会责任感和文化自豪感,激发社会兴趣和文化兴趣,保持社会热情和文化热情。社会责任感和文化自豪感是指教师对社会和文化的义务和担当,它是教学行为的规范和约束。社会兴趣和文化兴趣是指教师对社会和文化的愿望和目标,它是教学行为的方向和指引。社会热情和文化热情是指教师对社会和文化的享受和成就,它是教学行为的奖励和反馈。教师的社会责任感和文化自豪感、社会兴趣和文化兴趣、社会热情和文化热情应该与教学学术的目标和效果相协调,以促进教学学术的提升。

在行为维度上,教师需要运用自己所掌握的教学学术的知识和方法,服务和回应社会和文化的环境和条件,展现教师的社会能力和文化能力。社会能力是指教师在教学活动中对社会的贡献和影响,如满足社会需求、促进社会发展、解决社会问题、提高社会效益等。文化能力是指教师在教学活动中对文化的贡献和影响,如传承文化传统、展示文化多元、促进文化创新、促进文化交流等。教师的社会能力和文化能力应该符合社会和文化的环境和条件,以实现良好的社会和文化效果。

在结果维度上,教师需要通过教学服务和教学交流,反馈教学学术的导向和动力,发现教学学术的影响和价值,明确教学学术的愿景和理想。教学服务是指教师利用自己的教学学术的知识和方法,为社会和文化提供一些有益的、有用的、有意义的服务,如教育咨询、教育培训、教育项目、教育活动等。教学交流是指教师利用自己的教学学术的知识和方法,与社会和文化进行有趣、有深度、有广度的交流,如教育论坛、教育会议、教育展览、教育出版等。教师的教学服务和教学交流应该与教学学术的理论和实践相结合,以促进教学学术的提升。

9.2 教学学术提升的五条路径

教学学术是教师专业发展的核心内容和重要标志,教学学术的提升是教师专业发展的主要目标和重要途径,对于提高教育质量、促进学生发展、推动学科进步、服务社会文化等方面都具有重要的意义和价值。教学学术提升的路径规定了教师在教学学术提升的过程中所采取的一些具体的方法和策略,是教学学术提升的具体措施和操作。教学学术提升的路径的选择和设计,应该根据教师教学学术提升的理论和模型,以及教师的实际情况和需求,进行科学的分析和规划,以达到最佳的效果和效率。

基于影响教师教学学术提升的五要素模型,对于每一个核心要素及其子要素都可以单独提供一条教学学术提升的路径。虽然每一条路径都具有明确的指向性,但却忽略了教师的个体差异性,使得教师在选择提升路径时产生困惑。为了解决这个问题,本书对这些路径进行整合优化。优化后的每条路径都包含三个层面的四个维度,每个维度都有一个具体的目标和一个具体的方法。

9.2.1 实践-反思-改进循环路径

实践-反思-改进循环路径是一条基于教学学术的实践性和反思性的特点而提出的教师教学学术提升的实践路径,它认为教师的教学学术提升不是一次性完成的结果,而是在教学实践中不断反思和改进的过程。这一路径也是基于教师教学学术提升的动态性和循环性的特点而构建的,它认为教师的教学学术提升是一个动态的循环系统,而不是一个静态的线性模式。这一路径可以让教师在教学实践中不断学习和成长,提高教师的教学水平和教学效果。

实践-反思-改进循环路径的核心是教师的教学实践,教师的教学实践是教师教学学术提升的基础和源泉。教师通过参与教学实践,将课堂上的理论知识转化为实际的教学行为,感受教学的乐趣和成就,面对教学的挑战和困惑,发现教学的问题和不足。教师的教学实践是教师教学学术提升的第一步,也是教师教学学术提升的动力和方向。

实践-反思-改进循环路径的关键是教师的教学反思,教师的教学反思是教师教学学术提升的桥梁和途径。教师通过及时进行教学反思,总结教学实践中的经验、教训,分析教学实践的成功因素和失败原因,评价教学实践的效果和影响,找出教学实践的改进方向和方法。教师的教学反思是教师教学学术提升的第二步,也是教师教学学术提升的方法和工具。

实践-反思-改进循环路径的目的是教师的教学改进,教师的教学改进是教师教学学术提升的结果和标志。教师通过将教学反思中得出的改进的方向和方法再次应用于下一轮的教学实践中,实现教学的创新和优化,提升教学的质量和效率,促进学生的学习和发展,满足社会的需求和期待。教师的教学改进是教师教学学术提升的第三步,也是教师教学学术提升的目标和价值。

实践-反思-改进循环路径涉及教师教学学术提升的四个维度。四个维度相互关联,相互影响,共同构成了教师教学学术提升的完整过程和内涵。每个维度都有其目标和方法,教师应该根据自身的实际情况和发展需要,有针对性地进行和采取教学学术提升的活动和措施。

认知维度的目标是让教师形成与教学学术相一致的教学信念和教学认知,即教师对教学的本质、目的、价值、意义、规律、方法等方面的理解和看法。认知维度的方法是让教师学习和掌握教学学术的基本理论和方法,了解教学学术的内涵和特征,明确教学学术的价值和意义。教师可以通过阅读教学学术的相关文献、参加教学学术的相关培训、交流教学学术的相关经验、参与教学学术的相关研究等方式,不断丰富和更新自己的教学信念和教学认知,使之与教学学术保持一致和发展。

情感维度的目标是让教师培养积极的教学态度和教学信心,即教师对教学的情感、情绪、情趣、情怀等方面的体现和表达。情感维度的方法是让教师树立教学责任感和教学使命感,激发教学兴趣和教学动机,保持教学热情和教学满足感。教师可以通过认识教学的重要性和必要性、感受教学的乐趣和成就、面对教学的挑战和困惑、关注教学的效果和影响等方式，不断培养和提升自己的教学态度和教学信心，保证情感与教学学术的连贯性与一致性。

行为维度的目标是让教师设计和实施有效的教学活动，即教师在教学中所采取的具体的教学行为和教学策略。行为维度的方法是让教师运用教学学术的理论知识和方法，反思和改进教学方法和教学策略，展现专业能力和教学技能。教师可以通过参考教学学术的相关案例、借鉴教学学术的相关经验、运用教学学术的相关工具、实践教学学术的相关原则等方式，不断设计和实施有效的教学活动，以达成教学学术水平的提升。

结果维度的目标是让教师反馈教学学术的核心和关键，即教师对教学活动的效果和影响的评价和研究。结果维度的方法是让教师通过教学活动的评估和研究，制定教学学术的标准和指标，检验教学学术的有效性和适用性，总结教学学术的经验和教训，提出教学学术的建议和改进措施。教师可以通过收集教学活动的相关数据、分析教学活动的相关信息、运用教学活动的相关方法、撰写教学活动的相关报告等方式，不断反馈教师教学学术的核心和关键，让反馈成为教学学术提升的源泉。

实践-反思-改进循环路径是教师教学学术提升的有效的理论模型和实践路径，它可以帮助教师在教学实践中不断学习和成长，提高教师的教学水平和教学效果。这一路径的实施需要教师具备以下条件和能力。第一，教师需要具备教学学术的基本素养和知识，即教师对教学学术的理论和方法有一定的了解和掌握，能够理解教学学术的内涵和特征，认识教学学术的价值和意义，以及了解教学学术与教学实践的关系和作用。第二，教师需要具备教学学术的自主性和主动性，即教师对教学学术的学习和实践有一定的自我驱动和自我管理能力，能够根据自身的教学实践和发展需要，有目的地选择和使用教学学术的相关资源和工具，以及参与教学学术的相关活动。第三，教师需要具备对教学学术的反思性和创新性，即教师对教学学术的应用和改进有一定的自我观察和自我评价能力，能够根据教学实践的效果和影响，批判性地分析和评价教学学术的有效性和适用性，以及提出教学学术的建议和改进措施。第四，教师需要保证教学学术的合作性和分享性，即教师对教学学术的交流和研究有一定的沟通和表达能力，能够与其他教师或专家进行教学学术的相关交流和研究，分享教学学术的相关经验和教训，以及学习教学学术的相关案例和经验。

实践-反思-改进循环路径是一条适合教师教学学术提升的实践路径，它可以让教师在教学实践中不断学习和成长，提高教学水平和教学效果。教师应该根据自身的实际情况和发展需要，有针对性地进行和采取教学学术提升的活动和措施,以实现专业成长和教学创新。

9.2.2 专业发展培训路径

专业发展培训路径是一条基于教学学术的专业性和系统性的特点而设计的教师教学学术提升的实践路径,它认为教师的教学学术提升不是在零散的知识的获取中随机提升的结果,而是在专业领域知识的学习和掌握中不断提升的过程。这一路径也是基于教师教学学术提升的深刻性和全面性的特点而构建的,它认为教师的教学学术提升是一个深入、全面、有效的提升过程,而不是一个浅显、片面、无效的提升结果。这一路径可以让教师在专业发展培训中不断拓展和更新自己的专业领域和知识,提高教师的教学质量和教学效果。

专业发展培训路径的核心是教师的专业发展培训,教师的专业发展培训是教师教学学术提升的基础和保障。教师通过积极参与各类专业发展培训课程,包括教学方法、课程设计、学科知识更新等方面的培训,不断提升自身的教学技能和教育理论水平,增强自身的教学能力和教学素养。教师的专业发展培训是教师教学学术提升的第一步,也是教师教学学术提升的保证和支撑。

专业发展培训路径的关键是教师的专业领域知识,教师的专业领域知识是教师教学学术提升的内容和目标。教师通过深入学习和掌握自己所从事的教学和研究的学科和领域的知识和方法,了解教学学术的发展动态和前沿趋势,形成系统的学科专业知识和学科教学知识,提高自身的学科专业水平和学科教学水平。教师的专业领域知识是教师教学学术提升的第二步,也是教师教学学术提升的内容和目标。

专业发展培训路径的目的是教师的教学质量和教学效果的提升,教师的教学质量和教学效果的提升是教师教学学术提升的结果和标志。教师通过将专业领域知识运用于教学实践中,设计和实施有效的教学活动,反思和改进教学方法和教学策略,展现专业能力和教学技能,提升教学质量和效率,促进学生学习和发展,满足社会的需求和期待。教师的教学质量和教学效果的提升是教师教学学术提升的第三步,也是教师教学学术提升的结果和标志。

专业发展培训路径同样涉及教师教学学术提升的四个维度,每个维度都有其目标和方法,教师应该根据自身的实际情况和发展需要,有针对性地进行和采取教学学术提升的活动和措施。

认知维度的目标是让教师深入学习和掌握自己所从事的教学和研究的学科和领域的知识和方法,即教师对自己所教授和研究的学科和领域的专业知识和专业方法有深入的理解和掌握,能够运用专业知识和专业方法解决教学和研究中的问题和难题。认知维度的方法是让教师参与和借鉴教学学术的相关理论研究和其成果，了解教学学术的发展动态和前沿趋势，形成系统的学科专业知识和学科教学知识。教师可以通过阅读教学学术的相关文献、参加教学学术的相关培训、交流教学学术的相关经验、参与教学学术的相关研究等方式，不断丰富和更新自己的专业领域知识，使之与教学学术保持一致。

情感维度的目标是让教师培养对自己所从事的教学和研究的学科和领域的热爱和敬畏，即教师对自己所教授和研究的学科和领域的专业情感和专业态度有积极的体现和表达，能够体验和感受教学学术的价值和意义，树立学科专业自信和学科教学自信，激发学科专业兴趣和学科教学兴趣，保持学科专业热情和学科教学热情。教师可以通过认识教学学术的重要性和必要性、感受教学学术的乐趣和成就、面对教学学术的挑战和困惑、关注教学学术的效果和影响等方式，不断培养和提升自己对专业领域的情感，达到发展和提升自己的教学学术水平的目的。

行为维度的目标是让教师设计和实施有效的教学活动，即教师在教学中采取具体的教学行为和教学策略，其能够体现教师的专业能力和教学技能，能够达到教学的预期目标和效果，能够促进学生的学习和发展。教师可以通过参考教学学术的相关案例、借鉴教学学术的相关经验、运用教学学术的相关工具、实践教学学术的相关原则等方式，不断设计和实施有效的教学活动，从而完成教学学术提升的过程。

结果维度的目标是让教师反馈教师教学学术的核心和关键，即教师对教学活动的效果和影响的评价和研究，能够制定教学学术的标准和指标，检验教学学术的有效性和适用性，总结教学学术的经验和教训，提出教学学术的建议和改进措施。教师可以通过收集教学活动的相关数据、分析教学活动的相关信息、运用教学活动的相关方法、撰写教学活动的相关报告等方式，不断反馈教学学术的核心和关键，实现教学学术的提升。

专业发展培训路径是一条适合教师教学学术提升的实践路径，它可以让教师在专业发展培训中不断拓展和更新自己的专业领域和知识，提高教学质量和教学效果。教师应该根据自身的实际情况和发展需要，有针对性地进行专业发展培训，以实现专业成长和教学创新。

9.2.3 同行合作、交流路径

同行合作、交流路径是一条基于教学学术的社会性和文化性的特点而提出的教师教学学术提升的实践路径，它认为教师的教学学术提升不是在孤立的环境和条件中自我满足的结果，而是在社会文化的环境和条件中不断服务和回应的过程。这一路径也是基于教师教学学术提升的广度和深度的特点而构建的，它认为教师的教学学术提升是一个广泛、深入、有效的提升过程，而不是一个狭隘、浅薄、无效的提升结果。这一路径可以让教师在同行合作交流中不断开阔和丰富自己的教学视野和教学资源，提高教师的教学影响和教学价值。

同行合作、交流路径的核心是教师与同行的合作交流。教师通过与同事开展合作交流，分享教学经验和教学资源，相互学习、相互促进，不断拓展自己的教学思路和方法，提高自身的教学水平，提升自身的教学能力和教学素养。教师与同行的合作交流是教师教学学术提升的第一步，也是教师教学学术提升的基础和动力。

同行合作、交流路径的关键是教师所处的社会文化的环境和条件。教师通过关注和了解自己所生活和工作于其中的社会和文化的环境和条件，形成正确的社会观和文化观，明确教学学术的社会责任和文化使命，提高自身的社会文化水平和社会文化意识，提升自身的社会文化能力和社会文化素养。教师所处的社会文化的环境和条件是教师教学学术提升的第二步，也是教师教学学术提升的内容和目标。

同行合作、交流路径的目的是教师的教学影响和教学价值。教师通过将社会文化的环境和条件运用于教学实践中，设计和实施有效的教学活动，反思和改进教学方法和教学策略，展现社会能力和文化能力，提升教学质量和效率，促进学生学习和发展，满足社会的需求和期待。教师的教学影响和教学价值是教师教学学术提升的第三步，也是教师教学学术提升的结果和标志。

同行合作、交流路径依旧涉及教师教学学术提升的四个维度。

认知维度的目标是让教师关注和了解自己所生活和工作于其中的社会和文化的环境和条件，即教师对自己所处的社会和文化的背景和现状有清晰的认识和了解，能够理解社会和文化的特点和规律，认识社会和文化的影响和作用，以及社会和文化与教学的关系和联系。认知维度的方法是让教师形成正确的社会观和文化观，明确教学学术的社会责任和文化使命。教师可以通过阅读社会文化的相关文献、参加社会文化的相关培训、交流社会文化的相关经验、参与社会文化的相关研究等方式，不断适应和利用自己所处的社会文化的环境和条件，从而提升教学学术的一致性。

情感维度的目标是让教师培养对自己所生活和工作于其中的社会和文化的尊重和认同，即教师对自己所处的社会和文化的价值和意义有积极的体现和表达，能够尊重和认同社会和文化的多样性和差异性，能够体验和感受社会和文化的魅力和影响,能够树立社会责任感和文化自豪感,激发社会兴趣和文化兴趣,保持社会热情和文化热情。情感维度的方法是让教师了解和参与社会文化的相关理论和研究,发现社会文化的价值和意义。教师可以通过认识社会文化的重要性和必要性、感受社会文化的乐趣和成就、面对社会文化的困惑和挑战、关注社会文化的效果和影响等方式,不断加强自己对社会文化的尊重和认同,以此完善教学学术的和谐性。

行为维度的目标是让教师与同事开展合作、交流,即教师在教学中采取具体的合作、交流的行为和策略,能够体现教师的社会能力和文化能力,能够达到合作交流的预期目标和效果,能够促进教师和同事的学习和发展,能够满足社会和文化的需求和期待。行为维度的方法是让教师分享教学经验和教学资源,相互学习、相互促进,展现社会能力和文化能力。教师可以通过参考社会文化的相关案例、借鉴社会文化的相关经验、运用社会文化的相关工具、实践社会文化的相关原则等方式,不断与同事开展合作、交流,从而确保教学学术的连贯性。

结果维度的目标是让教师反馈教学学术的导向和动力,即教师对合作、交流的效果和影响进行评价和研究。结果维度的方法是让教师通过合作、交流的评估和研究,明确教学学术的愿景和理想,检验教学学术的导向和动力,总结教学学术的经验和教训,提出教学学术的建议和改进措施。教师可以通过收集合作、交流的相关数据,分析合作、交流的相关信息,运用合作、交流的相关方法,撰写合作、交流的相关报告等方式,不断反馈教学学术的导向和动力,以此促进教学学术保持发展。

同行合作、交流路径是一条适合教师教学学术提升的理论模型和实践路径,它可以让教师在同行合作、交流中不断开阔和丰富自己的教学视野和教学资源,提高教师的教学影响和教学价值。教师应该根据自身的实际情况和发展需要,有针对性地进行同行合作、交流,以实现专业成长和教学创新。

9.2.4 教学评估、反馈路径

教学评估、反馈路径是一条基于教学学术的评估性和反馈性的特点而设计的教学学术提升的实践路径,它认为教师的教学学术提升不是在教学评估和学生反馈中被动接受的结果,而是在教学评估和学生反馈中不断发展和推进的过程。这一路径也是基于教师教学学术提升的持续性和稳定性的特点而构建的,它认为教师的教学学术提升是一个持续、稳定、有效提升的过程,而不是一个间断、不稳定、无效提升的结果。这一路径可以让教师在教学评估和学生反馈中不断优化和改进自己的教学设计和教学方法,提高教学质量和教学效果。

教学评估、反馈路径的核心是教师的教学评估和学生反馈。教师通过教学评估和学生反馈,及时了解自己的教学效果和存在的问题,并根据评估结果进行调整和改进,实现教学的创新和优化,提升教学的质量和效率,促进学生的学习和发展,满足社会的需求和期待。教师的教学评估和学生反馈是教师教学学术提升的第一步,也是教师教学学术提升的基础和途径。

教学评估、反馈路径的关键是教师的教学学术的基础和水平。教师通过教育背景和教学个性心理特征的自我评估和他人评价,制定教学学术的目标和计划,明确教学学术的方向和动力,提高教学学术的水平和质量,提升教学学术的能力和素养。教师的教学学术的基础和水平是教师教学学术提升的第二步,也是教师教学学术提升的内容和目标。

教学评估、反馈路径的目的是教师的教学态度和教学信心。教师通过自我奖励和鼓励,为自己的教学学术的进步和成就感到自豪,同时寻求和接受他人的赞扬和肯定,为他人的教学学术的进步和成就感到高兴,培养积极的教学态度和教学信心,激发教学的热情和动力,保持教学的乐趣和满足。教师的教学态度和教学信心是教师教学学术提升的第三步,也是教师教学学术提升的结果和标志。

教学评估、反馈路径也涉及教师教学学术提升的四个维度。

认知维度的目标是让教师反馈教学学术的基础和水平,即教师对自己的教育背景和教学个性心理特征有清晰的认识和了解,能够理解教育背景和教学个性心理特征对教学的影响和作用。认知维度的方法是让教师通过教育背景和教学个性心理特征的自我评估和他人评价,制定教学学术的目标和计划。教师可以通过填写教育背景和教学个性心理特征的相关问卷、参加教育背景和教学个性心理特征的相关测试、交流教育背景和教学个性心理特征的相关经验、参与教育背景和教学个性心理特征的相关研究等方式,不断反馈和发现自己的教学学术的基础和水平,进而提升自己的教学学术水平。

情感维度的目标是让教师培养积极的教学态度和教学信心,即教师对自己的教学学术的进步和成就有积极的体现和表达。情感维度的方法是让教师自我奖励和鼓励,为自己的教学学术的进步和成就感到自豪,同时寻求和接受他人的赞扬和肯定,为他人的教学学术的进步和成就感到高兴。教师可以通过设定教学学术进步的目标和自我奖励、记录并分享教学学术的成就等方式,不断培养和提升自己的教学态度和教学信心。

行为维度的目标是让教师设计和实施有效的教学活动,即教师在教学中采取具体的教学行为和教学策略,能够达到教学的预期目标和效果,能够促进学生的学习和发展,能够满足社会的需求和期待。行为维度的方法是让教师运用教学学术的理论知识和方法,反思和改进教学方法和教学策略,展现专业能力和教学技能。教师可以通过参考教学学术的相关案例、借鉴教学学术的相关经验、运用教学学术的相关工具、实践教学学术的相关原则等方式,不断设计和实施有效的教学活动,以此保证教学学术的统一性。

结果维度的目标是让教师反馈教学学术的核心和关键,即教师对教学活动的效果和影响进行评价和研究,能够制定教学学术的标准和指标,检验教学学术的有效性和适用性,总结教学学术的经验和教训,提出教学学术的建议和改进措施。结果维度的方法是让教师通过教学评估和学生反馈,及时了解自己的教学效果和存在的问题,并根据评估结果进行调整和改进。教师可以通过收集教学活动的相关数据、分析教学活动的相关信息、运用教学活动的相关方法、撰写教学活动的相关报告等方式,不断反馈教学学术的核心和关键,从而推动教学学术保持协调性和进步。

教学评估、反馈路径是一条适合教师教学学术提升的理论模型和实践路径,它可以让教师在教学评估和学生反馈中不断优化和改进自己的教学设计和教学方法,提高教学质量和教学效果。教师应该根据自身的实际情况和发展需要,有针对性地进行教学评估和学生反馈,以实现教学创新和教学优化。

9.2.5 个性化发展路径

个性化发展路径是一条基于教学学术的个性化和差异化的特点而设计的教学学术提升的实践路径,它认为教师的教学学术提升是根据教师的个人特点和需求,为教师提供个性化的支持和指导的过程,而不是根据统一的标准和要求,为教师提供一致化的支持和指导的结果。这一路径也是基于教师教学学术提升的匹配性和有效性的特点而构建的,它认为教师的教学学术提升是一个最大限度地发挥教师的潜能、促进教师专业成长和教学水平提升的过程,而不是浪费教师的潜能、阻碍教师专业成长和教学水平提升的结果。这一路径可以让教师在个性化发展中不断满足和达成自己的教学需求和发展目标,提高教学满意度和教学成就感。

个性化发展路径的核心是教师的个性化的支持和指导。教师通过个性化的支持和指导,可以根据自己的专业背景、教学需求和发展目标,量身定制培训内容和方式,获得适合自己的教学学术的相关理论和研究成果,形成系统的学科专业知识和学科教学知识,发现教学学术的价值和意义,设计和实施有效的教学活动,反思和改进教学方法和教学策略,展现教师专业能力和教学技能,通过教学活动的评估和研究,及时了解自己的教学效果和存在的问题,并根据评估结果进行调整和改进。教师的个性化的支持和指导是教师教学学术提升的第一步,也是教师教学学术提升的保证和支撑。

个性化发展路径的关键是教师的教学需求和发展目标。教师通过教学需求和发展目标,可以明确自己的教学学术的方向和动力,制订教学学术提升的计划和策略,选择适合自己的教学学术提升的资源和方法,评价教学学术的效果和影响,总结教学学术的经验和教训,提出教学学术的建议和改进措施。教师的教学需求和发展目标是教师教学学术提升的第二步,也是教师教学学术提升的内容和目标。

个性化发展路径的目的是教师的教学满意度和教学成就感。教师通过教学满意度和教学成就感,可以反馈自己的教学学术的核心和关键,检验自己的教学学术的匹配度和有效性,发现自己的教学学术的优势和不足,认识自己的教学学术的价值和意义,培养自己的教学态度和教学信心,激发自己的教学兴趣和教学动机,保持自己的教学热情和满足。教师的教学满意度和教学成就感是教师教学学术提升的第三步,也是教师教学学术提升的结果和标志。

个性化发展路径同样涉及教师教学学术提升的四个维度。

认知维度的目标是让教师深入学习和掌握自己所从事的教学和研究的学科和领域的知识和方法,即教师对自己所教授和研究的学科和领域的专业知识和专业方法有深入的理解和掌握,能够运用专业知识和专业方法解决教学和研究中的问题和难题。认知维度的方法是让教师根据自己的专业背景、教学需求和发展目标,学习教学学术的相关理论和进行研究,形成系统的学科专业知识和学科教学知识。教师可以通过阅读教学学术的相关文献、参加教学学术的相关培训、交流教学学术的相关经验、参与教学学术的相关研究等方式,不断丰富和更新自己的专业领域知识,以此保证教学学术的一致性。

情感维度的目标是让教师培养对自己所从事的教学和研究的学科和领域的热爱和敬畏,即教师对自己所教授和研究的学科和领域的专业情感和专业态度有积极的体现和表达。情感维度的方法是让教师根据自己的专业背景、教学需求和发展目标,发现教学学术的价值和意义,树立学科专业自信和学科教学自信,激发学科专业兴趣和学科教学兴趣,保持学科专业热情和学科教学热情。教师可以通过认识教学学术的重要性和必要性、感受教学学术的乐趣和成就、面对教学学术的挑战和困惑、关注教学学术的效果和影响等方式,不断培养自己的专业情感和专业态度,以此提高教学学术的一致性和创新性。

行为维度的目标是让教师设计和实施有效的教学活动,即教师在教学中采取具体的教学行为和教学策略,能够达到教学的预期目标和效果,能够促进学生的学习和发展,能够满足社会的需求和期待。行为维度的方法是让教师运用和验证教学学术的相关理论,反思和改进教学方法和教学策略,展现专业能力和教学技能。教师可以通过参考教学学术的相关案例、借鉴教学学术的相关经验、运用教学学术的相关工具、实践教学学术的相关原则等方式,不断设计和实施有效的教学活动,以此加强教学学术的连贯性。

结果维度的目标是让教师反馈教学学术的核心和关键,即教师对教学活动的效果和影响进行评价和研究,能够制定教学学术的标准和指标,检验教学学术的有效性和适用性,总结教学学术的经验和教训,提出教学学术的建议和改进措施。结果维度的方法是让教师通过教学评估和学生反馈,及时了解自己的教学效果和存在的问题,并根据评估结果进行调整和改进。教师可以通过收集教学活动的相关数据、分析教学活动的相关信息、运用教学活动的相关方法、撰写教学活动的相关报告等方式,不断反馈教学学术的核心和关键,以此保证教学学术的连贯性和创新性。

个性化发展路径是一条适合教师教学学术提升的理论模型和实践路径,它可以让教师在个性化发展中不断满足和达成自己的教学需求和发展目标,提高教学满意度和教学成就感。教师应该根据自身的实际情况和发展需要,有针对性地进行个性化发展,以实现专业成长和教学创新。

9.3 教师教学学术提升的路径在五要素模型中的对应关系

教师教学学术提升的路径在五要素模型中的对应关系定义了教师教学学术提升的路径与教师教学学术提升的三个层面和四个维度之间的关系,是教师教学学术提升的路径的理论依据和指导原则。教师教学学术提升的路径在五要素模型中的对应关系可以从以下两个方面进行分析。

9.3.1 教师教学学术提升的路径与三个层面之间的对应关系

教师教学学术提升的路径与三个层面之间的对应关系是指教师教学学术提升的路径与教师的教学个性心理特征、教育背景、专业领域、工作环境、所处的社会文化之间的关系,它是教师教学学术提升的路径的外在影响因素。每条路径都与某些层面有着密切的联系,也受到某些层面的影响,因此,教师在选择和设计教学学术提升的路径时,应该充分考虑这些层面的特点和需求,以达到最佳的匹配和适应。

实践-反思-改进循环路径主要涉及教师的教学和研究环境,因为教师的教学实践是在教学和研究环境中进行的,教师的教学反思和改进也是基于教学和研究环境的反馈和评价。所以,教师在选择和设计这一路径时,应该充分考虑教学和研究环境的条件和要求,如教学时间、教学地点、教学设备、教学对象、教学目标、教学评估等,以保证教学实践的有效性,以及教学反思和改进的针对性。

专业发展培训路径主要涉及教师的专业领域知识,因为教师的专业发展培训是为了提升教师的专业领域知识的水平和质量,如教学方法、课程设计、学科知识等的更新。所以,教师在选择和设计这一路径时,应该充分考虑教师的专业领域知识的现状和需求,如教师所从事的学科和领域的特点和发展,教师的专业知识和教学知识的水平和差距,教师的专业发展培训的目标和内容,教师的专业发展培训的方式和渠道等,以保证专业发展培训的针对性和有效性。

同行合作、交流路径主要涉及教师所处的社会文化背景,因为教师的同行合作、交流是为了服务和回应社会和文化的环境和条件,如社会价值、社会需求、社会变革、社会资源、文化传统、文化多元、文化创新、文化交流等。所以,教师在选择和设计这一路径时,应该充分考虑教师所处的社会文化的特点和需求,如教师所生活和工作于其中的社会和文化的环境和条件、教师的社会责任和文化使命、教师的社会兴趣和文化兴趣、教师的社会能力和文化能力等,以保证同行合作、交流的适应性和有效性。

教学评估、反馈路径主要涉及教师的教育背景和教学个性心理特征,因为教师的教学评估和学生反馈是为了反馈和发现教师的教育背景和教学个性心理特征的影响和作用,如学历、学位、专业、证书、教学信念、教学认知、教学态度、教学信心、教学兴趣、教学动机、教学热情、教学满足等。所以,教师在选择和设计这一路径时,应该充分考虑教师的教育背景和教学个性心理特征的特点和需求,如教师的教学评估和学生反馈的目标、内容、方式和渠道等,以保证教学评估和学生反馈的针对性和有效性。

个性化发展路径涉及教师的所有层面,因为教师的个性化发展路径是基于教师的教育背景、专业领域知识、所处的社会文化背景、教学和研究环境、教学个性心理特征等方面进行的综合规划和分析,以为教师提供个性化的支持和指导。所以,教师在选择和设计这一路径时,应该充分考虑教师的所有层面的特点和需求,如教师的教育背景、专业领域知识、所处的社会文化背景、教学和研究环境、教学个性心理特征的现状,教师的个性化发展路径的目标、内容、方式和渠道等,以保证个性化发展路径的匹配度和有效性。

9.3.2 教师教学学术提升的路径与四个维度之间的对应关系

教师教学学术提升的路径与五要素模型的四个维度之间的对应关系是指教师教学学术提升的路径与教师的认知、情感、行为和结果之间的关系，它是教师教学学术提升的路径的内在要素和动力。每条路径都与某些维度有着密切的联系，也受到某些维度的影响，因此，教师在选择和设计教学学术提升的路径的过程中，应该充分考虑这些维度的特点和需求，以达到最佳的协调和平衡。

实践-反思-改进循环路径是一条涵盖了四个维度的循环路径，它不仅涉及教师的教学行为和教学效果，还涉及教师的教学信念和教学认知，以及教师的教学态度和教学信心。教师在教学实践的过程中，不仅会影响自己的教学行为和教学效果，还会影响自己的教学信念和教学认知，以及自己的教学态度和教学信心。教师在反思和改进教学的过程中，也会受到自己的教学信念和教学认知，以及自己的教学态度和教学信心的影响。因此，教师在选择和设计这一路径时，应该充分考虑四个维度的相互联系、相互影响、相互促进，以实现教师教学学术提升的最优化。

专业发展培训路径主要涉及教师的认知维度，它是为了提升教师的专业领域知识的水平和质量，如教学方法、课程设计、学科知识等的更新。但是，教师的专业领域知识的丰富，也会影响教师的其他三个维度，如教师的教学态度和教学信心、教师的教学行为和教学技能、教师的教学效果和教学成果。因此，教师在选择和设计这一路径时，应该充分考虑认知维度与其他三个维度的相互影响和相互促进，以实现教师教学学术提升的全面性。

同行合作、交流路径主要涉及教师的情感维度，它是为了培养教师的社会责任感和文化自豪感，激发教师的社会兴趣和文化兴趣，保持教师的社会热情和文化热情。但是，教师的情感维度的改变也会影响教师的其他三个维度，如教师的教学信念和教学认知、教师的教学行为和教学技能、教师的教学效果和教学成果。因此，教师在选择和设计这一路径时，应该充分考虑情感维度与其他三个维度的相互影响和相互促进，以拓展教师教学学术提升的深度和广度。

教学评估、反馈路径主要涉及教师的结果维度，它是为了反馈和发现教师的教学效果和存在的问题，并根据评估结果进行调整和改进。但是，教师的结果维度的改变，也会影响教师的其他三个维度，如教师的教学信念和教学认知、教师的教学态度和教学信心、教师的教学行为和教学技能。因此，教师在选择和设计这一路径时，应该充分考虑结果维度与其他三个维度的相互影响和相互促进，以保证教师教学学术提升的持续性和稳定性。

个性化发展路径涉及教师的四个维度,它是根据教师的个人特点和需求为教师提供个性化的支持和指导。因此,教师在选择和设计这一路径时,应该充分考虑教师的所有相关维度的特点和需求,以保证教师教学学术提升的匹配度和有效性。

需要注意的是,教学学术提升的路径是基于一般性的教师教学学术提升的目标和内容,这些路径虽然有一定的通用性和适用性,但也有局限性和不足之处,如路径的适应性和灵活性是否能够满足不同的教师、不同的学科、不同的教学环境、不同的教学目标等,这些都需要进一步验证。因此,教师在选择和设计教师教学学术提升的路径时,应该根据教师教学学术提升的理论和模型,以及教师的实际情况和需求,进行科学的规划和分析,以达到最佳的效果和效率。同时,教师也应该根据教师教学学术提升的过程和结果,不断进行反思和评估,以保证教学学术提升的持续性和稳定性。此外,对于教学学术的研究者来说,在研究教师教学学术提升的路径时,应该采用多种方法和途径,如文献分析、案例研究、实验研究、行动研究等,以拓展研究的深度和广度。同时,研究者也应该关注教师教学学术提升的路径的理论和实践的互动,以提高研究的有效性和实用性。

9.4 教学环境对路径选择的要求

教师教学学术提升的路径在不同的教学环境中可能会有不同的适用性和效果,因为教学环境会影响教师的教学目标、教学内容、教学方法、教学评价等各方面。所以,教师在选择和设计教学学术提升的路径时,应该根据自己所处的教学环境的特点和需求,进行适当的调整和优化,以优化教学学术提升的效率和效果。由于教学环境复杂多样,本书仅选择一些具有代表性的教学环境,阐述在这些教学环境中如何规划教学学术提升的路径。

9.4.1 在线教学环境中的教学学术提升路径

在线教学是一种新兴的教学形式,它有利于扩大教育资源的覆盖面,提高教育的公平性和便利性,但也带来了一些挑战,如如何保障教师和学生的互动性、教学质量、教学评估的有效性等。在在线教学环境中,教师教学学术提升的路径选择应该注重以下几个方面。

利用实践-反思-改进循环路径促进教师的在线教学实践和反思,如记录和分析在线教学的过程和结果,发现和解决在线教学的问题,改进和创新在线教学的方法和策略等。教师应该在在线教学的实施过程中,积极地与学生互动,引导和支持学生的在线学习，调节和保障在线教学的进度和质量，及时解决在线教学中遇到的困难和问题。教师在实施在线教学时，应该注意增强在线教学的互动性，如通过在线教学平台的聊天、问答、投票、小组讨论等功能，与学生进行实时或非实时的沟通和交流，了解和关注学生的学习情况和学习需求，激发和维持学生的学习兴趣和学习动机，提高和改善学生的学习参与度和学习效果。教师还应该在在线教学结束后，认真地总结和反思在线教学的经验和教训，评价和分析在线教学的效果和收获，找出在线教学的优点和不足，提出在线教学的改进和创新的建议和措施，为下一次的在线教学提供参考和借鉴。

利用专业发展培训路径丰富教师的在线教学知识和技能，如在线教学理论、在线教学平台的使用、在线教学资源的开发、在线教学策略的选择等。教师应该通过参加相关的培训课程、阅读相关的文献资料、观摩相关的示范课程等方式，系统地学习和掌握在线教学的基本原理、方法和技巧，提高自己的在线教学素养和能力。教师还应该根据自己的教学实际和需求，选择合适的在线教学平台，如网易云课堂、超星尔雅、智慧树等，熟练地使用在线教学平台的功能和工具，如视频直播、互动讨论、在线作业、在线考试等，为在线教学的实施提供有效的技术支持。教师还应该根据自己的教学目标和内容，开发和利用丰富和优质的在线教学资源，如视频课程、电子书籍、数字媒体、网络链接等，为在线教学的实施提供有效的内容支持。教师还应该根据自己的教学对象和环境，选择和运用合适的在线教学策略，如同步教学、异步教学、混合教学、个性化教学等，为在线教学的实施提供有效的策略支持。

利用同行合作、交流路径增强教师的在线教学交流和合作，如参与和组织在线教学的研讨会、工作坊、沙龙等，与其他在线教师分享和学习在线教学的经验和成果，建立和拓展在线教学的社区和网络等。教师应该通过各种形式和渠道，与其他从事在线教学的教师进行广泛和深入的交流和合作，分享和学习彼此的在线教学的理念、设计、实施、评价等方面的信息和资源，相互借鉴和启发，共同提高在线教学的水平和质量。教师还应该通过建立和参与在线教学的社区和网络，扩大和加强在线教学的影响和传播，促进在线教学的推广和发展，为在线教学的研究和实践提供更多的支持和机会。教师在参与在线教学的交流和合作时，应该注意利用在线教学平台的优势，如跨越时空的限制，与不同地区、不同学科、不同层次的教师进行在线教学的交流和合作，拓宽和丰富自己的在线教学的视野和资源，提升在线教学的水平和质量。

利用教学评估、反馈路径完善教师的在线教学评估和反馈，如设计和实施在线教学的评估工具和方法，收集和分析在线教学的评估数据和信息，根据评估结果进行在线教学的调整和改进,向学生和管理者提供在线教学的反馈和报告等。教师应该根据在线教学的目标和要求,设计和实施合理和有效的在线教学的评估工具和方法,如问卷调查、观察、访谈、测试、作品、展示等,收集和分析在线教学的评估数据和信息,如学生的学习过程、学习成果、学习态度、学习满意度等,根据评估结果进行在线教学的调整和改进,如修改在线教学的方案、优化在线教学的过程、改善在线教学的效果等。教师还应该向学生和管理者提供在线教学的反馈和报告,如反馈在线教学的评估结果和改进措施,报告在线教学的经验和收获,增强在线教学的透明度和可信度,提升在线教学的认可度和支持度。教师在进行在线教学的评估和反馈时,应该注意利用在线教学平台的功能,如数据分析、数据可视化、数据报告等功能,以提高在线教学的评估和反馈的效率和准确性,为在线教学的评估和反馈提供更多的依据。

利用个性化发展路径满足教师的在线教学个性化需求,根据教师的在线教学的特点和目标,为教师提供个性化的在线教学的支持和指导,如在线教学的咨询、辅导、培训、评估等。教师应该根据自己的在线教学的特点和目标,如在线教学的领域、层次、规模、难度、风格等,寻求和获取个性化的在线教学的支持和指导,如在线教学的咨询、辅导、培训、评估等,以满足自己的在线教学的个性化需求,解决在线教学的个性化问题,实现在线教学的个性化目标。教师还应该根据在线教学的发展和变化,不断地调整和更新在线教学的个性化需求,寻求和获取更适合自己的在线教学的支持和指导,以促进在线教学的个性化发展。

9.4.2 跨文化教学环境中的教学学术提升路径

跨文化教学环境是一种涉及不同文化背景的教师和学生的教学形式。这种教学环境有利于促进教师和学生的文化交流和文化素养的提升,但也带来了一些挑战,如如何适应教师和学生的文化差异和保障教学内容的文化适应性、教学方法的文化敏感性等。在跨文化教学环境中,教师教学学术提升的路径选择应该注重以下几个方面。

利用实践-反思-改进循环路径促进教师的跨文化教学实践和反思,如记录和分析跨文化教学的过程和结果,发现和解决跨文化教学的问题,改进和创新跨文化教学的方法和策略等。教师应该在跨文化教学的实施过程中,积极地与学生互动,引导和支持学生的跨文化学习,调节和提升跨文化教学的进度和质量,及时解决跨文化教学中遇到的困难和问题。教师在实施跨文化教学时,应该注意运用多种教学方法,如讲授、讨论、案例分析、游戏、模拟、合作、探究等,以适应不同学生的学习风格和学习能力,激发学生的学习兴趣和学习动机,提高学生的学习效果和学习满意度。教师还应该在跨文化教学结束后，认真地总结和反思跨文化教学的经验和教训，评价和分析跨文化教学的效果和收获，找出跨文化教学的优点和不足，提出跨文化教学的改进和创新的建议和措施，为下一次的跨文化教学提供参考和借鉴。

利用专业发展培训路径丰富教师的跨文化教学知识和技能，如跨文化教学理论、跨文化教学策略、跨文化教学资源、跨文化教学评价等。教师应该通过参加相关的培训课程、阅读相关的文献资料、观摩相关的示范课程等方式，系统地学习和掌握跨文化教学的基本原理、方法和技巧，提高自己的跨文化教学素养和能力。教师还应该根据自己的教学实际和需求，选择合适的跨文化教学主题、内容、目标、过程、资源、评价等要素，设计出符合学生特点和教学目标的跨文化教学方案，为跨文化教学的实施提供有效的指导和保障。教师在设计跨文化教学方案时，应该充分考虑教学内容的文化适应性，即教学内容应该与学生的文化背景和文化需求相适应，既能反映和尊重学生的文化多样性，又能促进学生的文化交流和文化融合，避免产生文化偏见和文化冲突。

利用同行合作、交流路径增强教师的跨文化交流和合作，如参与和组织跨文化教学的研讨会、工作坊、沙龙等，与其他跨文化教师分享和学习跨文化教学的经验和成果，建立和拓展跨文化教学的社区和网络等。教师应该通过各种形式和渠道，与其他从事跨文化教学的教师进行广泛和深入的交流和合作，分享和学习彼此的跨文化教学的理念、设计、实施、评价等方面的信息和资源，相互借鉴和启发，共同提高跨文化教学的水平和质量。教师还应该通过建立和参与跨文化教学的社区和网络，扩大和加强跨文化教学的影响和传播，促进跨文化教学的推广和发展，为跨文化教学的研究和实践提供更多的支持和机会。教师在参与跨文化教学的交流和合作时，应该注意尊重和欣赏不同文化的价值和特色，避免和化解跨文化教学的误解和冲突，增进跨文化教学的理解和信任，促进跨文化教学的合作。

利用教学评估、反馈路径完善教师的跨文化教学评估和反馈，如设计和实施跨文化教学的评估工具和方法，收集和分析跨文化教学的评估数据和信息，根据评估结果进行跨文化教学的调整和改进，向学生和管理者提供跨文化教学的反馈和报告等。教师应该根据跨文化教学的目标和要求，设计和实施合理和有效的跨文化教学的评估工具和方法，如问卷调查、观察、访谈、测试、作品、展示等，收集和分析跨文化教学的评估数据和信息，如学生的学习过程、学习成果、学习态度、学习满意度等，根据评估结果进行跨文化教学的调整和改进，如修改跨文化教学的方案、优化跨文化教学的过程、改善跨文化教学的效果等。教师还应该向学生和管理者提供跨文化教学的反馈和报告,如反馈跨文化教学的评估结果和改进措施,报告跨文化教学的经验和收获,增强跨文化教学的透明度和可信度,提升跨文化教学的认可度和支持度。教师在进行跨文化教学的评估和反馈时,应该注意运用多元化的评估和反馈方式,如自评、互评、同伴评、专家评、口头反馈、书面反馈、形式反馈、内容反馈等,以适应不同学生的评估和反馈需求,提高评估和反馈的有效性和公平性。

利用个性化发展路径满足教师的跨文化教学个性化需求,如根据教师的跨文化教学的特点和目标,为教师提供个性化的跨文化教学的支持和指导,如跨文化教学的咨询、辅导、培训、评估等。教师应该根据自己的跨文化教学的特点和目标,如跨文化教学的领域、层次、规模、难度、风格等,寻求和获取个性化的跨文化教学的支持和指导,以满足自己的跨文化教学的个性化需求,解决跨文化教学的个性化问题,实现跨文化教学的个性化目标。教师还应该根据自己的跨文化教学的发展和变化,不断地调整和更新跨文化教学的个性化需求,寻求和获取更适合自己的跨文化教学的支持和指导,以促进跨文化教学的个性化发展。

9.4.3 多元化教学环境中的教学学术提升路径

多元化教学环境是一种涉及不同学习风格、学习能力、学习需求、学习兴趣的教学形式。它有利于满足学生的个性化和差异化的学习需求,提高教育的有效性和公平性,但也带来了一些挑战,如如何保证教师的教学适应性、教学内容的个性化、教学方法的多样化等。在多元化教学环境中,教师教学学术提升的路径选择应该注重以下几个方面。

利用实践-反思-改进循环路径促进教师的多元化教学实践和反思,如记录和分析多元化教学的过程和结果,发现和解决多元化教学的问题,改进和创新多元化教学的方法和策略等。教师应该在多元化教学的实施过程中,积极地与学生互动,引导和支持学生的多元化学习,调节和提升多元化教学的进度和质量,及时解决多元化教学中遇到的困难和问题。教师还应该在多元化教学结束后,认真地总结和反思多元化教学的经验和教训,评价和分析多元化教学的效果和收获,找出多元化教学的优点和不足,提出多元化教学的改进和创新的建议和措施,为下一次的多元化教学提供参考和借鉴。

利用专业发展培训路径丰富教师的多元化教学知识和技能,如多元化教学理论、多元化教学策略、多元化教学资源、多元化教学评价等。教师应该通过参加相关的培训课程、阅读相关的文献资料、观摩相关的示范课程等方式,系统地学习和掌握多元化教学的基本原理、方法和技巧,提高自己的多元化教学素养和能力。教师还应该根据自己的教学实际和需求，选择合适的多元化教学主题、内容、目标、过程、资源、评价等要素，设计出符合学生特点和教学目标的多元化教学方案，为多元化教学的实施提供有效的指导和保障。

利用同行合作、交流路径增强教师的多元化教学交流和合作，如参与和组织多元化教学的研讨会、工作坊、沙龙等，与其他教师分享和学习多元化教学的经验和成果，建立和拓展多元化教学的社区和网络等。教师应该通过各种形式和渠道，与其他从事多元化教学的教师进行广泛和深入的交流和合作，分享和学习彼此的多元化教学的理念、设计、实施、评价等方面的信息和资源，相互借鉴和启发，共同提高多元化教学的水平和质量。教师还应该通过建立和参与多元化教学的社区和网络，扩大和加强多元化教学的影响和传播，促进多元化教学的推广和发展，为多元化教学的研究和实践提供更多的支持和机会。

利用教学评估、反馈路径完善教师的多元化教学评估和反馈，如设计和实施多元化教学的评估工具和方法，收集和分析多元化教学的评估数据和信息，根据评估结果进行多元化教学的调整和改进，向学生和管理者提供多元化教学的反馈和报告等。教师应该根据多元化教学的目标和要求，设计和实施合理和有效的多元化教学的评估工具和方法，如问卷调查、观察、访谈、测试、作品、展示等，收集和分析多元化教学的评估数据和信息，如学生的学习过程、学习成果、学习态度、学习满意度等，根据评估结果进行多元化教学的调整和改进，如修改多元化教学的方案、优化多元化教学的过程、改善多元化教学的效果等。教师还应该向学生和管理者提供多元化教学的反馈和报告，如反馈多元化教学的评估结果和改进措施，报告多元化教学的经验和收获，增强多元化教学的透明度和可信度，提升多元化教学的认可度和支持度。

利用个性化发展路径满足教师的多元化教学的个性化需求，如根据教师的多元化教学的特点和目标，为教师提供个性化的多元化教学的支持和指导，如多元化教学的咨询、辅导、培训、评估等。教师应该根据自己的多元化教学的特点和目标，如多元化教学的领域、层次、规模、难度、风格等，寻求和获取个性化的多元化教学的支持和指导，以满足自己的多元化教学的个性化需求，解决多元化教学的个性化问题，实现多元化教学的个性化目标。教师还应该根据自己的多元化教学的发展和变化，不断地调整和更新多元化教学的个性化需求，寻求和获取更适合自己的多元化教学的支持和指导，以促进多元化教学的个性化发展。

9.4.4 项目式教学环境中的教学学术提升路径

项目式教学环境是一种以学生为主体、以项目为载体、以解决问题为目的的教学形式。它有利于培养学生的创新能力、合作能力、自主学习能力,提高教育的质量和效率,但也带来了一些挑战,如如何提升教师的项目设计能力、项目管理能力、项目评价能力等。在项目式教学环境中,教师教学学术提升的路径选择应该注重以下几个方面。

利用实践-反思-改进循环路径促进教师的项目式教学实践和反思,如记录和分析项目式教学的过程和结果,发现和解决项目式教学的问题,改进和创新项目式教学的方法和策略等。教师应该在项目式教学的实施过程中,积极地与学生互动,引导和支持学生的项目式学习,调节和提升项目式教学的进度和质量,及时解决项目式教学中遇到的困难和问题。教师还应该在项目式教学结束后,认真地总结和反思项目式教学的经验和教训,评价和分析项目式教学的效果和收获,找出项目式教学的优点和不足,提出项目式教学的改进和创新的建议和措施,为后续的项目式教学提供参考和借鉴。

利用专业发展培训路径丰富教师的项目式教学知识和技能,如项目式教学理论、项目式教学设计、项目式教学实施、项目式教学评价等。教师应该通过参加相关的培训课程、阅读相关的文献资料、观摩相关的示范课程等方式,系统地学习和掌握项目式教学的基本原理、方法和技巧,提高自己的项目式教学素养和能力。教师还应该根据自己的教学实际和需求,选择合适的项目式教学主题、内容、目标、过程、资源、评价等要素,设计出符合学生特点和教学目标的项目式教学方案,为项目式教学的实施提供有效的指导和保障。

利用同行合作、交流路径增强教师的项目式教学交流和合作,如参与和组织项目式教学的研讨会、工作坊、沙龙等,与其他教师分享和学习项目式教学的经验和成果,建立和拓展项目式教学的社区和网络等。教师应该通过各种形式和渠道,与其他从事项目式教学的教师进行广泛和深入的交流和合作,分享和学习彼此的项目式教学的理念、设计、实施、评价等方面的信息和资源,相互借鉴和启发,共同提高项目式教学的水平和质量。教师还应该通过建立和参与项目式教学的社区和网络,扩大和加强项目式教学的影响和传播,促进项目式教学的推广和发展,为项目式教学的研究和实践提供更多的支持和机会。

利用教学评估、反馈路径完善教师的项目式教学评估和反馈,如设计和实施项目式教学的评估工具和方法,收集和分析项目式教学的评估数据和信息,根据评估结果进行项目式教学的调整和改进,向学生和管理者提供项目式教学的反馈和报告等。教师应该根据自己的项目式教学的目标和要求,设计和实施合理和有效的项目式教学的评估工具和方法,如问卷调查、观察、访谈、测试、作品、展示等,收集和分析项目式教学的评估数据和信息,如学生的学习过程、学习成果、学习态度、学习满意度等,根据评估结果进行项目式教学的调整和改进,如修改项目式教学的方案、优化项目式教学的过程、提高项目式教学的效果等。教师还应该向学生和管理者提供项目式教学的反馈和报告,如反馈项目式教学的评估结果和改进措施,报告项目式教学的经验和收获,增强项目式教学的透明度和可信度,提升项目式教学的认可度和支持度。

利用个性化发展路径满足教师的项目式教学的个性化需求,如根据教师的项目式教学的特点和目标,为教师提供个性化的项目式教学的支持和指导,如项目式教学的咨询、辅导、培训、评估等。教师应该根据自己的项目式教学的特点和目标,如项目式教学的领域、层次、规模、难度、风格等,寻求和获取个性化的项目式教学的支持和指导,以满足自己的项目式教学的个性化需求,解决项目式教学的个性化问题,实现项目式教学的个性化目标。教师还应该根据自己的项目式教学的发展和变化,不断地调整和更新项目式教学的个性化需求,寻求和获取更适合自己的项目式教学的支持和指导,以促进项目式教学的个性化发展。

第10章　教学学术提升路径的效果评估机制

教学学术提升路径的效果评估是指对教师在教学学术提升过程中所采取的不同的方式和途径的效果和影响进行系统的分析和评估,是教学学术提升的重要组成部分和保障条件。教学学术提升路径的效果评估具有以下几个方面的必要性和意义。

对教师而言,教学学术提升路径的效果评估可以帮助教师了解自己的教学学术的现状和问题,提高教师的教学学术的自我认识和自我评估能力,促进教师的教学学术的自我提升和自我完善。教学学术提升路径的效果评估可以为教师提供及时的反馈和建议,增强教师的教学学术的自我调节和自我改进能力,激发教师的教学学术的自我动机和自我信心。教学学术提升路径的效果评估可以为教师提供多元的选择和机会,拓展教师的教学学术的自我发展和自我创新能力,提升教师的教学学术的自我价值和自我成就感。

对学生而言,教学学术提升路径的效果评估可以帮助学生了解教师的教学学术的水平和质量,提高学生的教学学术的认知和评估能力,促进学生的教学学术的参与和互动。教学学术提升路径的效果评估可以为学生提供有效的指导和支持,增强学生的教学学术的学习和应用能力,激发学生参与教学学术的兴趣和动机。教学学术提升路径的效果评估可以为学生提供优质的服务和资源,提升教学学术对学生的价值。

对学校而言,教学学术提升路径的效果评估可以帮助学校了解教师的教学学术的状况和需求,提高学校的教学学术的管理和评估能力,促进学校的教学学术的规划和实施。教学学术提升路径的效果评估可以为学校提供有效的依据和参考,增强学校的教学学术的监督和改进能力,激发学校的教学学术的动机和信心。教学学术提升路径的效果评估可以为学校提供竞争和合作的优势,拓展学校的教学学术的发展和创新能力,提升学校的教学学术的质量和效果。

10.1 教学学术提升路径的评估目的与原则

教学学术提升路径的评估框架是基于教师教学学术提升的目标、过程和结果的综合的评估框架，旨在对教学学术提升的五条路径的有效性和影响力进行全面、深入、客观、公正的评估，从而为教师的教学学术提升提供有力的支持和指导。

10.1.1 教学学术提升路径的评估目的

评估的意义和价值是评估的出发点和归宿，为了明确这一点，需要构建一个合理的教学学术提升路径的评估框架，它能够指导和支持评估的实施和改进。构建教学学术提升路径评估框架的目的体现在以下几个方面。

第一，检验教学学术提升的五条路径是否符合教师教学学术提升的需求和特点。教师教学学术提升的需求和特点是评估的对象和内容，评估要关注教师的教学实践和教学反思，评估要考察教师的教学能力和教学素养，评估要反映教师的教学成长和教学创新。评估要检验教学学术提升的五条路径是否能够有效地促进教师的教学水平和教学效果的提高和改善，是否能够适应教育的发展和变化，是否能够满足教师的个性化和差异化的发展需求。

第二，识别教学学术提升的五条路径的优势和劣势。教学学术提升的五条路径的优势和劣势是评估的结果和反馈，评估要找出其中的优秀做法和存在的问题，要分析它们的成因和影响，要提出改进和完善的参考和建议，要促进教学学术提升的五条路径的优化和升级。

第三，比较教学学术提升的五条路径的相对效果和影响力。教学学术提升的五条路径的相对效果和影响力是评估的比较和评价对象，评估要分析它们的适用性和可行性，要探究它们的差异性和互补性，要确定它们的优先性和适应性，要为教师选择和实施最适合自己的教学学术提升的路径提供科学的依据和指导。

第四，总结和反思教学学术提升的五条路径的评估经验和教训。教学学术提升的五条路径的评估经验和教训是评估总结和反思的结果，评估要梳理和归纳评估的过程和方法，要检验评估的有效性和质量，要总结和提炼评估的收获和启示，要为教师今后的教学学术提升的评估和研究提供有价值的借鉴和启示。

10.1.2 教学学术提升路径的评估原则

教学学术提升路径的评估是一项重要的工作,它需要遵循基本的原则,以保证评估的质量和效果。教学学术提升路径的评估应该符合有效性、可行性、公正性和持续性的原则。

第一,有效性是指评估能够真实反映教学学术提升路径的效果和影响。有效性的作用是保证评估的目的和意义,让评估能够为教师教学学术提升的路径的选择和实施提供科学的依据和指导,能够为教学学术提升的路径的改进和完善提供有益的参考和建议,能够为教学学术提升的路径的优化和升级提供动力和支持。评估要选择合适的评估目标和评估指标,要采用科学的评估方法和评估工具,要收集充分的评估数据和评估证据,要进行客观的评估分析,要提出有用的评估结论和评估建议。有效性是评估的核心和基础,只有进行有效的评估才能真正发挥评估的作用。

第二,可行性是指评估能够在实际条件下顺利进行。可行性的作用是保证评估的条件和资源,让评估能够在有限的时间和空间内完成评估的任务。评估要考虑评估的可操作性和可实施性,要根据评估的资源和条件制订合理的评估计划和评估方案,要组织和协调好评估的人员和机构,要解决和克服评估的困难和障碍,要保证评估的进度和质量。可行性是评估的前提和条件,只有进行可行的评估才能顺利完成评估的任务。

第三,公正性是指评估能够避免主观偏见和利益冲突。公正性的作用是保证评估的规范和合理,让评估能够尊重评估的对象和参与者。评估要保持评估的中立和公开,要遵守评估的规范和合理,要防止评估的误导和操纵,要处理好评估的利益和关系。公正性是评估的原则和要求,只有进行公正的评估才能赢得评估参与者的信任和支持。

第四,持续性是指评估能够形成一个循环的过程,不断改进和完善。持续性的作用是保证评估的发展和创新,让评估能够建立评估的长效机制和制度。评估要实现评估的动态更新和跟踪,要促进评估的反馈和沟通,要推动评估的应用和转化,要不断总结评估的经验和教训。持续性是评估的特征和目标,只有进行持续的评估才能实现评估的发展和创新。

10.2 教学学术提升路径的评估机制框架

教学学术提升路径的评估机制应该包括评估内容、评估方法和评估结果三个方面。评估内容是确定评估的对象和指标，评估方法是选择评估的工具和技术，评估结果是分析评估的数据和反馈。

10.2.1 教学学术提升路径的评估内容

评估内容是确定评估的对象和指标，为评估的实施和分析提供数据和信息。教学学术提升路径的评估框架针对每一条路径提出了具体的评估内容。

实践-反思-改进循环路径的评估内容主要包括教师的教学实践、教学反思和教学改进的情况和效果。具体来说，在教学实践方面，要评估教师是否能够根据教学目标和学生需求，设计和实施有效的教学活动，是否能够运用多种教学方法和技术，是否能够调动学生的主动性和参与性，是否能够及时收集和分析教学数据和信息，是否能够灵活调整教学策略和步骤。在教学反思方面，要评估教师是否能够对教学实践进行深入和全面的反思，是否能够识别和解决教学中的问题和困难，是否能够从教学理论和研究中获得支持和启发，是否能够从多个角度和层次进行反思，是否能够形成反思的习惯和能力。在教学改进方面，要评估教师是否能够根据教学反思的结果，制订和执行教学改进的计划，是否能够采取创新和有效的教学措施，是否能够持续跟踪和评估教学改进的效果，是否能够与同行分享和交流教学改进的经验和成果，是否能够促进教学质量和效果的提升。

专业发展培训路径的评估内容主要包括教师的专业领域知识的学习和掌握的情况和效果。具体来说，在专业领域知识的学习方面，要评估教师是否能够主动和持续地学习和更新自己的专业领域知识，是否能够选择和利用多种学习资源和途径，是否能够结合自己的教学实践和需求，是否能够批判性和创造性地学习和思考，是否能够形成学习的习惯和能力。在专业领域知识的掌握方面，要评估教师是否能够熟练和深入地掌握自己的专业领域知识，是否能够理解和运用专业领域的基本概念、原理、方法和技术，是否能够解决专业领域的典型问题，是否能够与专业领域的前沿趋势和发展动态保持联系，是否能够展示出专业素养和水平。

同行合作、交流路径的评估内容主要包括教师的同行合作和交流的情况和效果。具体来说，在同行合作方面，要评估教师是否能够与同行建立和维持良好的合作关系，是否能够积极参与和贡献于合作项目和活动，是否能够互相支持和帮助，是否能够共同解决教学中的问题和困难，是否能够共同提高教学水平和效果。在同行交流方面，要评估教师是否能够与同行保持和促进有效的交流，是否能够主动分享和征求教学的意见和建议，是否能够尊重和借鉴同行的教学经验和成果，是否能够参与和组织教学的研讨会和沙龙，是否能够拓宽和丰富自己的教学视野和资源。

教学评估、反馈路径的评估内容涵盖教师的教学评估和学生反馈的情况和效果。具体来说,在教学评估方面,评估教师是否能够对自己的教学进行全面和客观的评估,是否能够选择和使用合适和有效的评估工具和方法,是否能够收集和分析评估数据和信息,是否能够得出评估结论和建议,是否能够根据评估结果进行教学改进。在学生反馈方面,评估教师是否能够获取和重视学生对教学的反馈,是否能够及时和恰当地回应和处理学生的反馈,是否能够从学生的反馈中发现和改进教学的问题和不足,是否能够促进和维持教师与学生之间的良好互动和沟通,是否能够提高学生的学习满意度和成就感。

个性化发展路径的评估内容主要是教师的个性化教学需求和发展目标的情况和效果。具体来说,在个性化教学需求方面,评估教师是否能够清晰和准确地识别和表达自己的教学需求,是否能够根据自己的教学需求制订和实施个性化的教学计划,是否能够根据自己的教学需求获取和寻求个性化的支持和指导,是否能够根据自己的教学需求调整和优化自己的教学方式和方法。在个性化发展目标方面,评估教师是否能够明确和合理地设定和追求自己的教学发展目标,是否能够根据自己的教学发展目标选择和参与个性化的教学活动和项目,是否能够根据自己的教学发展目标评估和反馈自己的教学进步和成果,是否能够根据自己的教学发展目标不断发现和调动自己的教学潜能和兴趣。

10.2.2 教学学术提升路径的评估方法

实践-反思-改进循环路径的评估方法主要是通过教师的教学日志、教学案例、教学改进报告等形式,收集和分析教师的教学实践、教学反思和教学改进的过程和结果,以及教师的教学感受和体会。在教学日志方面,要评估教师是否能够记录和反思每一次的教学活动,包括教学目的、教学内容、教学方法、教学效果、教学问题、教学改进等方面,以及教师的教学心得和收获。在教学案例方面,要评估教师是否能够撰写和分享具有代表性和启发性的教学案例,包括教学背景、教学目标、教学设计、教学实施、教学评估、教学反思等方面,以及教师的教学经验和教训。在教学改进报告方面,要评估教师是否能够制订和执行教学改进的计划和措施,包括教学问题的诊断、教学改进的目标、教学改进的方法、教学改进的实施、教学改进的评估、教学改进的反馈等方面,以及教师的教学成效和能力提升。

专业发展培训路径的评估方法主要是通过教师的专业领域知识的测试、专业领域知识的应用、专业领域知识的更新等形式,收集和分析教师的专业领域知识的学习和掌握的情况和效果,以及教师的专业发展需求和满意度。在专业领域知识的测试方面,要评估教师是否能够通过专业领域知识的测试,包括专业领域的基本概念、原理、方法和技术等方面,检验专业领域知识的水平和能力。在专业领域知识的应用方面,要评估教师是否能够将专业领域知识应用于教学实践,包括教学内容的选择和安排、教学方法的设计和运用、教学问题的分析和解决等方面,展示专业领域知识的教学水平和效果。在专业领域知识的更新方面,要评估教师是否能够及时学习和更新自己的专业领域知识,包括专业领域的最新动态、发展趋势、前沿问题等方面,拓宽专业领域知识的视野。

同行合作、交流路径的评估方法主要是通过教师的同行合作项目、同行交流活动、同行评价反馈等,收集和分析教师的同行合作和交流的情况和效果,以及教师的同行关系和互动。在同行合作项目方面,要评估教师是否能够参与和贡献于同行合作的项目,包括教学改革、教学研究、教学竞赛等方面,评价和反映教师的合作能力和水平,以及教师的合作成果。在同行交流活动方面,要评估教师是否能够参与和组织同行交流的活动,包括教学研讨、教学沙龙、教学观摩等方面,评价和反映教师的交流能力和水平,以及教师的交流经验和收获。在同行评价反馈方面,要评估教师是否能够接受同行评价的反馈,包括教学意见、教学建议、教学评价、教学肯定、教学批评等方面,评价和反映教师的评价能力和水平,以及教师的评价感受和体会。

教学评估、反馈路径的评估方法主要是通过教师的教学评估工具、教学评估数据、学生反馈处理等形式,收集和分析教师的教学评估和学生反馈的情况和效果,以及教师的教学评估和学生反馈的意义和价值。在教学评估工具方面,要评估教师是否能够选择和使用合适和有效的教学评估工具,包括教学评估的目的、评估的指标、评估的方法、评估的形式等方面,评价和反映教师的教学评估的设计和实施的水平和能力。在教学评估数据方面,要评估教师是否能够收集和分析教学评估的数据,包括教学评估的来源、评估的内容、评估的结果等方面,评价和反映教师的教学评估的收集和分析的水平和能力。在学生反馈处理方面,要评估教师是否能够获取和处理学生对教学的反馈,包括学生反馈的方式、反馈的内容、反馈的回应、反馈的改进等方面,评价和反映教师的学生反馈的获取和处理的水平和能力。

个性化发展路径的评估方法主要是通过教师的个性化教学需求、个性化发展目标、个性化教学活动等形式,收集和分析教师的个性化教学需求和发展目标的情况和效果,以及教师的个性化教学活动的意义和价值。在个性化教学需求方面,要评估教师是否能够识别和表达自己的个性化教学需求,包括教学需求的来源、教学需求的内容、教学需求的优先级、教学需求的满足程度等方面，评价和反映教师的教学需求的清晰度和准确度。在个性化发展目标方面，要评估教师是否能够设定和追求自己的个性化发展目标，包括发展目标的类型、发展目标的内容、发展目标的难易度、发展目标的达成度等方面，评价和反映教师的发展目标的明确度和合理度。在个性化教学活动方面，要评估教师是否能够选择和参与个性化教学活动，包括教学活动的形式、教学活动的内容、教学活动的效果、教学活动的反馈等方面，评价和反映教师的教学活动的适用度和有效度。

10.2.3 教学学术提升路径的评估结果

实践-反思-改进循环路径的评估结果主要是反映教师的教学实践、教学反思和教学改进的水平和效果，以及教师的教学成长和发展的情况和趋势。在教学实践的水平和效果方面，要评估教师的教学实践是否达到了预期的教学目标和学生需求，是否体现了教学的有效性和创新性，是否促进了学生的深度学习和学科素养的发展，是否提高了教师的教学信心和满意度。在教学反思的水平和效果方面，要评估教师的教学反思是否能够深入和全面地分析教学实践的优劣和问题，是否能够从教学理论和研究中获得支持和启发，是否能够形成和完善教学改进的计划和措施，是否提高了教学反思的能力。在教学改进的水平和效果方面，要评估教师的教学改进是否能够有效地解决教学实践中的问题和困难，是否能够采取创新和有效的教学措施，是否能够持续跟踪和评估教学改进的效果，是否能够与同行分享和交流教学改进的经验和成果，是否提高了教学质量和效果。在教师的教学成长和发展方面，要评估教师的教学成长和发展是否能够体现教师的教学个性和风格，是否能够展示教师的专业水平，是否能够反映教师的教学理念和价值，是否能够促进教师产生教学兴趣和激情，是否能够增强教师的教学责任感和使命感。

专业发展培训路径的评估结果主要是反映教师的专业领域知识的学习和掌握的水平和效果，以及教师的专业发展需求和满意度的情况。在专业领域知识的学习的水平和效果方面，要评估教师的专业领域知识的学习是否能够主动和持续地进行，是否能够选择和利用多种学习资源和途径，是否能够结合自己的教学实践和需求，是否能够批判性和创造性地学习和思考，是否提高了专业领域知识的学习能力。在专业领域知识的掌握的水平和效果方面，要评估教师的专业领域知识的掌握是否能够熟练和深入地进行，是否能够理解和运用专业领域的基本概念、原理、方法和技术，是否能够解决专业领域的典型问题，是否能够与专业领域的前沿动态保持联系，是否提高了教师的专业领域知识的掌握水平和能力。在教师的专业发展需求和满意度方面，要评估教师的专业发展需求和满意度是否能够清晰和准确地识别和表达，是否能够根据专业发展需求制订和实施个性化的专业发展计划，是否能够根据专业发展需求寻求和获取个性化的支持和指导，是否能够根据专业发展需求调整和优化自己的专业发展方式和方法，是否能够反映教师的专业发展的清晰度和准确度。

同行合作、交流路径的评估结果主要是反映教师的同行合作和交流的水平和效果，以及教师的同行关系和互动的情况。在同行合作的水平和效果方面，要评估教师是否能够与同行建立和维持良好的合作关系，是否能够积极参与和贡献于合作项目和活动，是否能够互相支持和帮助，是否能够共同解决教学中的问题和困难，是否能够共同提高教学水平。在同行交流的水平和效果方面，要评估教师是否能够与同行保持和促进有效的交流，是否能够主动分享和征求教学的意见和建议，是否能够尊重和借鉴同行的教学经验和成果，是否能够参与和组织教学的研讨和沙龙，是否能够拓宽和丰富自己的教学视野和资源。在教师的同行关系和互动方面，要评估教师的同行关系和互动是否能够体现教师对同行的信任和尊重，是否能够展示教师的同行合作和交流的能力和水平，是否能够反映教师向同行学习的情况和趋势，是否能够扩大教师的同行影响。

教学评估、反馈路径的评估结果主要是反映教师的教学评估和学生反馈的水平和效果，以及教师的教学评估和学生反馈的意义和价值的情况。在教学评估的水平和效果方面，要评估教师是否能够对自己的教学进行全面和客观的评估，是否能够选择和使用合适和有效的评估工具和方法，是否能够收集和分析评估数据和信息，是否能够得出评估结论和建议，是否能够根据评估结果进行教学改进。在学生反馈的水平和效果方面，要评估教师是否能够获取和重视学生对教学的反馈，是否能够及时和恰当地回应和处理学生的反馈，是否能够从学生的反馈中发现和改进教学的问题和不足，是否能够促进和维持与学生之间的良好互动和沟通，是否能够提高学生的学习满意度和成就感。在教师的教学评估和学生反馈的意义和价值方面，要评估其是否能够体现教师的教学评估和学生反馈的重要性和必要性，是否能够展示教师的教学评估和学生反馈的能力和水平，是否能够反映教师的教学评估和学生反馈的收获，是否能够促进教师的教学评估和学生反馈的习惯养成。

个性化发展路径的评估结果主要是反映教师的个性化教学需求和发展目标、教学活动的水平和效果，以及教师的个性化教学活动的意义和价值的情况。在个性化教学需求的水平和效果方面，要评估教师的个性化教学需求是否能够清晰和准确地识别和表达，是否能够根据教学需求制订和实施个性化的教学计划,是否能够根据教学需求寻求和获取个性化的支持和指导,是否能够根据教学需求调整和优化自己的教学方式和方法,是否能够反映教学需求的清晰度和准确度。在个性化发展目标的水平和效果方面,要评估教师的个性化发展目标是否能够明确和合理地设定和追求,是否能够根据教学发展目标选择和参与个性化的教学活动和项目,是否能够根据教学发展目标评估和反馈自己的教学进步和成果,是否能够反映教学发展目标的明确度和合理度。在个性化教学活动的水平和效果方面,要评估教师是否能够选择和参与个性化的教学活动,包括教学活动的形式、教学活动的内容、教学活动的效果、教学活动的反馈等方面,评价和反映教师的教学活动的适用度和有效度。在教师的个性化教学活动的意义和价值方面,要评估其是否能够体现教师的个性化教学活动的意义和价值,是否能够展示教师的个性化教学活动的能力和水平,是否能够反映教师的个性化教学活动的收获,是否能够促进教师产生个性化教学活动的兴趣和激情。

10.3 教学学术提升路径的评估主体

评估机制框架应该结合不同的评估主体,采用多元的评估方式和评估指标。按照评估主体,评估包括教师自评、学生评价、同行评价、督导评价、领导评价等。

10.3.1 教师自评

教师自评是指教师对自己的教学工作进行自我评价和反思,以提高自己的教学能力和水平。教师自评可以体现出教学学术在实践-反思-改进循环路径下的提升,因为教师可以通过自评发现自己的教学问题和改进方向,增强自己的教学自信心和自主性,促进自己的专业发展和教学创新。

教师自评的具体方法是使用教学日志、教学案例、教学改进报告等形式,记录自己的教学实践、教学反思和教学改进的过程和结果,以及自己的教学感受和体会。教师可以根据评估内容和评估指标,对自己的教学进行量化或者定性的评价,分析自己的教学优势和不足,制订教学改进的计划和措施。教师自评的方法可以检验出教学学术在实践-反思-改进循环路径下的提升,因为教师可以通过自评的结果,了解自己的教学实践、教学反思和教学改进的水平和效果,以及自己的教学成长和发展的情况。

10.3.2 学生评价

学生评价是指学生根据自己的学习体验对教师的教学内容、方法、态度等进行评价和反馈。学生评价可以体现出教学学术在教学评估、反馈路径下的提升,因为教师可以通过学生的评价和反馈了解自己的教学效果和学生的学习满意度,从而据此改进自己的教学方法和策略,提高自己的教学质量和效果。

学生评价的具体方法是使用问卷调查、访谈讨论、观察记录等形式,获取和分析学生对教师的教学内容、方法、态度等的评价和反馈。教师可以对学生的评价和反馈进行定量或者定性的分析,了解自己的教学效果和学生的学习满意度,以及教学改进的建议和措施。学生评价的方法可以检验出教学学术在教学评估、反馈路径下的提升,因为教师可以通过学生的评价和反馈,了解自己的教学质量和效果,以及学生的学习需求和意见,从而改进自己的教学方法和策略。

10.3.3 同行评价

同行评价是指同一学科或领域的教师之间针对彼此的教学实践进行评价和交流。同行评价可以体现出教学学术在同行合作、交流路径下的提升,因为教师可以通过同行评价和交流分享自己的教学经验和心得,学习他人的教学优点和方法,提高自己的教学水平和学术水平。

同行评价的具体方法是通过教学研讨、教学沙龙、教学观摩等形式,与同行进行教学的评价和交流。教师可以对同行的教学进行定量或者定性的评价,总结出教学意见和建议,以及教学评价和反馈。教师也可以接受同行对自己的教学评价,借鉴同行的教学经验和成果,以及教学改进的建议和措施。同行评价的方法可以检验出教学学术在同行合作、交流路径下的提升,因为教师可以通过同行的评价和交流,了解自己和他人的教学水平和学术水平,以及教学优点和不足,从而提高自己的教学水平和学术水平。

10.3.4 督导评价

督导评价是指由专门的教学督导人员或机构对教师的教学进行监督、规范、评价和指导。督导评价可以体现出教学学术在专业发展培训路径下的提升,因为教师可以通过督导人员的评价和指导了解自己的教学规范和水平,接受专业的教学培训和指导,从而提高自己的教学能力和水平。

督导评价的具体方法是教师接受专门的教学督导人员或机构对自己的教学进行监督、规范、评价和指导。教师可以对督导人员的评价和指导进行定量或者定性的分析,了解自己的教学规范和水平,以及教学改进的建议和措施。教师也可以参与专业的教学培训和指导,提高自己的教学能力和水平。督导评价的方法可以检验出教学学术在专业发展培训路径下的提升,因为教师可以通过督导人员的评价和指导,了解自己的教学规范和水平,以及教学问题和不足,接受专业的教学培训和指导,从而提高自己的教学能力和水平。

10.3.5 领导评价

领导评价是指由学校或学院的领导对教师的教学进行评价和考核。领导评价可以体现出教学学术在个性化发展路径下的提升,因为教师可以通过领导的评价和考核了解自己的教学状况和水平,对自己的教学进行奖励或惩罚,对自己的教学进行调整或规划,从而促进自己的教学能力发展,以及学校或学院的学科建设。

领导评价的具体方法是教师接受学校或学院的领导对自己的教学进行评价和考核。教师可以对领导的评价和考核进行定量或者定性的分析,了解自己的教学状况和水平。领导评价的方法可以检验出教学学术在个性化发展路径下的提升,因为教师可以通过领导的评价和考核,选择和参与个性化的教学活动和项目,从而提高自己的教学水平。

10.4 教学学术提升路径的评估反馈和应用

评估机制框架应该注重评估的反馈和应用,将评估结果转化为教学改进的动力和依据。评估反馈应该及时、明确、具体、具有建设性,评估应用应该针对评估发现的问题和不足,制定相应的改进措施和计划,进行教学改革和创新,提升教学质量。

实践-反思-改进循环路径是指教师通过自我评价和反思,发现自己的教学问题和改进方向,增强自己的教学自信心和自主性,促进自己的专业发展和教学创新。在反馈时,教师可以使用教学日志、教学案例、教学改进报告等形式,记录自己的教学实践、教学反思和教学改进的过程和结果,以及自己的教学感受和体会。教师可以根据评估内容和评估指标,对自己的教学进行定量或者定性的评价,总结自己的教学优势和不足,以及教学改进的计划和措施。教师也可以与督导人员或同行进行交流,获取他们的评价和建议,以及教学经验和心得。在应用时,教师可以根据自己的教学评价和反馈,制订和实施教学改进的计划和措施,包括调整教学内容、方法、策略等,以及参与教学培训、交流、研究等。教师可以针对改进措施的实施效果,再次进行评价和反思,实现实践-反思-改进循环,持续提升自己的教学水平和效果。

专业发展培训路径是指教师通过接受专门的教学督导人员或机构,对自己的教学进行监督、规范、评价和指导，以及参与专业的教学培训和指导，提高自己的教学能力和水平。反馈时，教师可以接受专门的教学督导人员或机构，对自己的教学进行监督、规范、评价和指导。教师可以对督导人员的评价和指导进行定量或者定性的分析，了解自己的教学规范和水平，以及教学改进的建议和措施。教师也可以与督导人员进行交流，了解他们的教学观点和方法，以及教学经验和心得。应用时，教师可以根据自己的教学评价和反馈，制订和实施教学改进的计划和措施，包括调整教学内容、方法、策略等，以及参与专业的教学培训和指导。教师可以根据改进措施的实施效果，再次进行评价和指导，实现专业发展培训的循环，持续提升自己的教学能力和水平。

同行合作、交流路径是指教师通过与同一学科或领域的教师之间的交流，分享自己的教学经验和心得，学习他人的教学优点和方法，提高自己的教学水平和学术水平。反馈时，教师可以通过教学研讨、教学沙龙、教学观摩等形式，与同行进行教学的评价和交流。教师可以对同行的教学进行定量或者定性的评价，提出自己的教学意见和建议，以及教学评价和反馈。教师也可以接受同行对自己的教学评价，借鉴同行的教学经验和成果，接受教学改进的建议。应用时，教师可以根据自己的教学评价和反馈，制订和实施教学改进的计划和措施，包括调整教学内容、方法、策略等，以及参与教学研究和创新。教师可以根据改进措施的实施效果，再次进行评价和交流，实现同行合作、交流的循环，持续提升自己的教学水平和学术水平。

教学评估、反馈路径是指教师通过学生的评价和反馈，了解自己的教学效果和学生的学习满意度，改进自己的教学方法和策略，提高自己的教学质量和效果。反馈时，教师可以使用问卷调查、访谈讨论、观察记录等形式，获取和分析学生对自己的教学内容、方法、态度等的评价和反馈。教师可以对学生的评价和反馈进行定量或者定性的分析，了解自己的教学效果和学生的学习满意度，以及教学改进的建议和措施。教师也可以与学生进行反馈交流，了解他们的学习需求和意见，以及教学感受和体会。应用时，教师可以根据自己的教学评价和反馈，制订和实施教学改进的计划和措施，包括调整教学内容、方法、策略等，以及提供给学生学习支持和指导。教师可以针对改进措施的实施效果，再次进行评价和反馈，实现教学评估、反馈的循环，持续提升自己的教学质量和效果。

个性化发展路径是指教师通过接受学校或学院的领导，对自己的教学进行评价和考核，以及根据自己的教学需求和发展目标，选择和参与个性化的教学活动和项目，提高自己的教学水平和效果。反馈时，教师可以接受学校或学院的领导，对自己的教学进行评价和考核。教师可以对领导的评价和考核进行定量或者定性的分析,了解自己的教学状况和水平、教学奖励或惩罚,以及教学调整或安排。教师也可以与领导进行交流,了解他们的教学要求和期望,以及教学资源和支持。应用时,教师可以根据自己的教学评价和反馈,制订和实施教学改进的计划和措施,包括调整教学内容、方法、策略等,以及参与个性化的教学活动和项目。教师可以针对改进措施的实施效果,再次进行评价和考核,实现个性化发展的循环,进而持续提升自己的教学水平和效果。

第 11 章　提升教师教学学术水平的建议

教师的教学学术水平是教师专业发展的重要标志，也是教师教学质量和效果的重要保障。教师的教学学术水平不仅体现在教师的专业领域知识的掌握和运用上，也体现在教师的教学理念和方法的选择和创新上，更体现在教师的教学实践和反思的过程和结果上。因此，教师的教学学术水平是一个具有综合性、动态性、循环性的系统，需要教师不断地学习和成长，不断地反思和改进，不断地创新和突破。为了提高教师的教学学术水平，本书前文曾提出五条可以提升教师教学学术水平的路径。

实践-反思-改进循环路径基于教师教学学术提升的实践性和反思性的特点，认为教师的教学学术提升是在教学实践中不断反思和改进的过程，而不是一次性完成的结果。这一路径也基于教师教学学术提升的动态性和循环性的特点，认为教师的教学学术提升是一个动态的循环系统，而不是一个静态的线性模式。这一路径可以让教师在教学实践中不断学习和成长，提高教师的教学水平和教学效果。

专业发展培训路径基于教师教学学术提升的专业性和系统性的特点，认为教师的教学学术提升是在专业领域知识的学习和掌握中不断提升的过程，而不是在零散的知识的获取中随机提升的结果。这一路径也基于教师教学学术提升的深度和全面性的特点，认为教师的教学学术提升是一个深入、全面、有效的提升过程，而不是浅显、片面、无效提升的结果。这一路径可以让教师在专业发展培训中不断更新和拓展自己的专业领域知识，提高教学质量和教学效果。

同行合作、交流路径基于教师教学学术提升的社会性和文化性的特点，认为教师的教学学术提升是在社会文化的环境和条件中不断服务和回应的过程，而不是在孤立的环境和条件中自我满足的结果。这一路径也基于教师教学学术提升的广度和深度的特点，认为教师的教学学术提升是一个广泛、深入的提升过程，而不是狭隘、浅薄提升的结果。这一路径可以让教师在同行合作、交流中不断开阔和丰富自己的教学视野和教学资源，扩大教学影响和提高教学价值。

教学评估、反馈路径基于教师教学学术提升的评估性和反馈性的特点，认为教师的教学学术提升是在教学评估和学生反馈中不断实现的过程，而不是在教学评估和学生反馈中被动接受的结果。这一路径也基于教师教学学术提升的持续性和稳定性的特点，认为教师的教学学术提升是一个持续、稳定的提升过程，而不是间断、混乱提升的结果。这一路径可以让教师在教学评估和学生反馈中不断优化和改进自己的教学设计和教学方法，提高教学质量和教学效果。

个性化发展路径基于教师教学学术提升的个性化和差异化的特点，认为教师的教学学术提升是根据教师的个人特点和需求，为教师提供个性化的支持和指导的过程，而不是根据教师的统一标准和要求，为教师提供一致性的支持和指导的结果。这一路径也基于教师教学学术提升的匹配性和有效性的特点，认为教师的教学学术提升是一个最大限度地发挥教师的潜能、促进教师的专业成长和教学水平提升的过程，而不是浪费教师的潜能、阻碍教师的专业成长和教学水平提升的结果。这一路径可以让教师在个性化发展中不断满足和达成自己的教学需求和发展目标，提高教学满意度和教学成就感。

基于这五条路径，本章将分别给出一些具体的建议，希望能够为教师的教学学术水平的提升提供一些参考和启示。

11.1 基于实践-反思-改进路径的建议

教师的教学学术提升是一个长期的过程，需要教师在教学实践中不断地反思和改进自己的教学。为了实现这个目标，教师可以运用实践-反思-改进循环路径，这是基于教师教学学术提升的实践性和反思性的特点，以及教师教学学术提升的动态性和循环性的特点而提出的一条教学路径。这条路径可以让教师在教学实践中不断地学习和成长，提高教学水平和教学效果。这条路径包括以下几个步骤。

第一步，制订教学计划并执行。在这一步中，教师要做好教学前的准备工作，包括选择教学目标、教学内容、教学方法，设计教学过程、教学评价等。教师要根据教学大纲、教材、学生特点和教学环境，明确本次教学的目的和意义，例如，使学生掌握某个知识点、培养某种能力、激发某种兴趣等。教师要确定本次教学的主要内容和重点，例如，某个概念的定义、某个原理的推导、某个问题的解决等。教师要选择适合本次教学的教学方法和策略，例如，讲授、演示、讨论、实验、游戏等。教师要安排本次教学的具体步骤和环节，例如，引入、展示、讲解、练习、总结等。教师要设计本次教学的评价方式和标准，例如，观察、提问、测试、反馈、反思等。在教学过程中，教师要按照教学计划进行教学，同时应根据教学情况进行调整和优化，例如，增加或减少教学内容、变换或保持教学方法、加强或放松教学过程的控制、改善或维持教学评价的效果等。

第二步，记录教学日志并分析。在这一步中，教师要做好教学后的反思工作，包括记录教学日志、分析教学日志等。教师要及时记录本次教学的过程和结果，包括以下几个方面：教学目标的达成情况；教学内容的安排情况；教学方法的使用情况；教学过程的组织情况；教学评价的实施情况；教学中的亮点和不足；教学中的问题和困惑；教学中的改进和发展等。教师要定期对自己的教学日志进行整理和分析，包括以下几个方面：教学目标和教学评价的比较；教学内容和教学方法的比较；教学过程和教学反思的比较；不同日期和课题的教学日志的比较；教学经验和教训的总结；教学规律和教学特色的提炼等。

第三步，评价教学计划及执行的效果，以及记录教学日志并分析的效果。在这一步中，教师要做好教学实践的评价工作，包括观察学生的反应、提问学生、测试学生、自己反思等。教师要通过多种方式来评价自己的教学实践，例如评价是否能够达成教学目标、是否能够合理安排教学内容、是否能够有效传授教学方法、是否能够有效组织教学过程、是否能够有效实施教学评价等。教师要观察学生的反应，例如观察学生是否专注、是否参与、是否理解、是否掌握、是否有兴趣等。教师要提问学生，例如教师通过提问了解学生是否有疑问、是否有收获、是否有感悟、是否有建议、是否有评价等。教师要测试学生，通过测试掌握学生是否能够回答问题、是否能够解决问题、是否能够应用知识、是否能够创造知识等。教师要反馈学生，例如，教师要决定自己是否给予学生肯定或建议、批评或奖励等。教师要自己反思，例如，反思是否满意于自己的教学实践、是否发现自己教学中的问题、是否找到教学中的改进点等。

第四步，总结教学经验和教训。在这一步中，教师要做好教学实践的总结和改进工作，包括总结教学经验和教训，提出教学改进的方向和措施，制订下一次的教学计划等。教师要根据自己的教学实践的评价，总结教学经验和教训，例如，自己的教学优点和长处、自己的教学缺点和短处、自己的教学收获和启示等。教师要根据自己的教学经验和教训，提出教学改进的方向和措施，例如，如何提高自己的教学水平、教学效果，如何促进教学创新，如何提高自己的教学满意度等。教师要根据自己的教学改进的方向和措施，制订下一次的教学计划，并在下一次的教学实践中实施，从而形成一条实践-反思-改进循环路径，使自己的教学水平和教学效果不断提高和改善。

11.2 基于专业发展培训路径的建议

专业发展培训课程或活动可以帮助教师深入、全面地提升自己的教学学术水平。通过这一路径,教师可以不断更新和拓展自己的专业领域知识,提高和改善教学质量和教学效果。教师需要积极地参加专业发展培训课程或活动,包括但不限于学校组织的教研活动、学科组织的学术会议、教育机构提供的在线课程,以及专家、学者开设的讲座或研讨会等。这些专业发展培训课程或活动都可以为教师提供专业领域知识的学习和更新的机会和资源。

教师在参加专业发展培训课程或活动前,教师应该考虑自己的专业领域、教学水平、学习需求、时间安排等因素,选择适合自己的专业发展培训课程或活动,避免盲目跟风或浪费时间。当确定了专业发展培训课程或活动后,则要开始认真准备。教师应该提前了解专业发展培训课程或活动的主题、内容、目标、要求等,积极地参与和互动,主动地提问和回答,积极地分享和交流,充分获取和利用专业发展培训课程或活动的资源和信息。

当这些培训课程或活动结束后,教师还要认真总结和反思。教师应该及时地回顾和复习专业发展培训课程或活动的内容,认真地总结和反思自己的学习过程和结果,找出自己的优势和不足,提出改进和发展的方向和措施。

然而,培训课程或活动的结束并不意味着教师的教学学术随之获得了相应的提高。想要确定教师参加专业发展培训课程或活动是否获得了满意的效果,还需要进行评价。首先,教师要检测自己的专业领域知识的掌握程度。教师可以通过自我测试或他人评估的方式,判断自己是否能够理解和解释专业领域的概念、原理、方法等,是否能够运用专业领域知识解决问题,是否能够创新和拓展专业领域知识等。其次,教师还要观察自己的教学实践的改进情况。教师可以通过自我观察或他人反馈的方式,评估自己是否能够根据专业领域的最新动态和发展趋势调整和优化自己的教学内容和方法,是否能够根据专业领域的知识特点和规律设计和组织有效的教学过程和评价,是否能够根据专业领域的知识要求,以及学生的学习需求和发展目标进行有效的教学引导和支持等。最后,教师还要反馈自己对专业发展培训课程或活动的感受和评价。教师表达自己对专业发展培训课程或活动的主题、内容、目标、要求等的认识和理解,评价对专业发展培训课程或活动的资源和信息的获取和利用情况,表达对专业发展培训课程或活动的过程和结果的感受和评价等。

教师在参加专业发展培训课程或活动后,还应该制订自己的专业领域知识的学习和更新的计划和策略,持续地参加专业发展培训课程或活动,从而形成专业发展培训路径,不断提升自己的教学学术水平。

11.3　基于同行合作、交流路径的建议

教学学术的提升需要教师在社会文化的环境和条件中不断服务和回应社会的需求和期望。为了实现这一目标,教师需要与同行建立合作关系并开展合作项目,从而形成同行合作、交流路径。通过这一路径,教师可以不断开阔和丰富自己的教学视野和教学资源,扩大和提高教学影响和教学价值。

因此,教师应该积极地与同行建立合作关系并开展合作项目。教师可以与同校或异校的同学科或异学科的教师进行教学交流和研讨,或者与同区或异区的同级或异级的教师进行教学观摩和评课,再或者与同省或异省的同类型或异类型的教师进行教学研究和创新等。这些合作项目都可以为教师提供教学经验和资源的交流和分享的机会和平台。教师与同行建立合作关系并开展合作项目时,首先,要选择适合自己的合作伙伴和合作项目。教师应该考虑自己的教学水平、教学需求、教学目标等因素,选择适合自己的合作伙伴和合作项目,避免随意选择或拒绝合作。其次,教师要认真准备和参与合作项目。教师应该提前了解和沟通合作项目的主题、内容、目标、要求等,积极地参与和互动,主动地分享和交流,积极地借鉴和学习,充分地获取和利用合作项目的经验和资源。最后,教师还要认真总结和反思合作项目。教师应该及时地回顾和复习合作项目的内容,认真地总结和反思合作过程和结果,找出自己的优势和不足,提出改进和发展的方向和措施。

当交流与合作结束后,教师还要对自己在这些活动中的收获进行评价,包括检测自己的教学经验和资源的增加情况。教师可以通过自我测试或他人评估的方式,判断自己是否能够获取和分享更多的教学案例、教学方法、教学材料、教学评价等,是否能够拓宽和发展自己的教学视野、教学思路、教学策略、教学网络等。此外,教师对自己的交流、合作进行评价时,还要观察自己的教学实践的改进情况。教师还应评估自己是否能够根据合作项目的内容和收获调整和优化自己的教学内容和方法,是否能够根据合作项目的经验和资源设计和组织有效的教学过程和评价,是否能够根据合作项目的创新和突破进行有效的教学引导和支持等。教师要能够反馈对合作项目的感受和评价。教师可以表达自己对合作项目的主题、内容、目标、要求等的认识和理解,评价对合作项目的经验和资源的获取和利用情况,表达对合作项目的过程和结果的感受和评价等。

11.4 基于教学评估、反馈路径的建议

教学学术的提升需要教师在教学评估和学生反馈中不断反思和发现自己的教学优势和不足。为了实现这一目标,教师需要制订教学评估方案并实施,并及时收集和分析教学评估的数据和结果,从而形成教学评估、反馈路径。这一路径可以帮助教师持续、稳定地提升自己的教学学术水平。通过这一路径,教师可以不断优化和改进自己的教学设计和教学方法,提高和改善教学质量和教学效果。

在每一次教学前,教师都应该根据教学目标、内容、方法、过程,制订合理的教学评估方案,并在教学过程中按照方案实施,同时根据实际情况进行适当的调整。这样可以为教师提供教学评估的依据和指导,使教师能够更好地完成教学任务和达成教学目标。在每一次教学后,教师都应该及时收集和分析教学评估的数据和结果,并根据教学评估的反馈进行教学改进,从而更好地优化自己的教学设计和教学方法。

具体来说,教师在制订教学评估方案并实施时,首先,教师要选择评价内容,明确本次教学评价的类型,包括知识评价、能力评价、兴趣评价等。这样可以为教师提供教学评价的目标和依据,使教师能够更好地关注和评价教学的重点和难点。其次,教师要选择评价指标,确定本次教学评价的标准和要求,包括知识掌握程度、能力运用水平、兴趣表现情况等。这样可以为教师提供教学评估的标准和参考,使教师能够更好地判断和评价教学的效果和质量。再次,教师要选择评价方法,选择适合本次教学评价的策略,例如,观察、提问、测试、反馈、反思等。这样可以为教师提供教学评估的方式和手段,使教师能够更好地收集和获取教学评估的数据和信息。复次,教师要选择评价工具,选择适合本次教学评价的材料,包括观察表、提问卡、测试卷、反馈表、反思日志等。这样可以为教师提供教学评估的支持,使教师能够更好地记录和整理教学评估的数据和结果。最后,教师要事先选择评价人员,确定本次教学评价的主体,在教师自评、学生互评、学生自评、同行评价、专家评价等评价形式中进行合理的选择。当然,确定评价时间也很重要,教师要计划和安排本次教学评价的时机和时长,比如评价是在教学前、教学中,还是在教学后等。

完成以上准备后,教师可以按照教学评估方案进行评估,同时根据教学情况进行调整和优化,例如,增加或减少评价指标、变换或保持评价方法、调整或维持评价工具的使用、扩大或缩小评价人员的范围等。这样可以增强教学评估的灵活性和适应性,使教师能够更好地解决和应对教学评估中的问题和困难。

当教学评估方案实施结束后,教师要尽快收集和分析教学评估的数据。首先,教师要及时收集本次教学评估的数据和材料,包括以下几个方面:教学评估的工具和材料、教学评估的数据和结果、教学评估的反馈和建议、教学评估的问题和困难、教学评估的改进和发展等。这样可以使教师能够更好地保存和管理教学评估的数据和材料。其次,教师还要定期对本次教学评估的结果进行整理和分析,包括以下几个方面:教学目标和教学评价的比较、教学评价和评价指标的比较、评价方法和评价工具的比较、评价时间和评价人员的比较、不同日期和课题的教学评估的比较、教学评估的经验和教训的总结、教学评估的规律和特色的提炼等。这样可以为教师提供教学评估的结果的整理和分析的方法和技巧,使教师能够更好地理解和利用教学评估的结果。

当收集并分析完评估的数据之后,教师还要对整个评估的过程、结果和影响进行反思性观察。首先,教师要观察教学评估的过程,包括评估是否顺利进行、是否有效实施、是否合理调整、是否有效反馈等。这样可以使教师能够更好地监控和改进教学评估的过程。其次,教师要观察教学评估的结果,例如,这些结果是否符合预期、是否有差异、是否有问题、是否有改进等。这样可以为教师提供教学评估的结果的观察和评价的依据和方法,使教师能够更好地检验教学评估的结果。最后,教师还要观察教学评估的影响,观察教学评估是否对教学目标的达成有促进、是否对教学内容的安排有指导、是否对教学方法的选择有启发、是否对教学过程的组织有优化、是否对教学评价的实施有改进等。这样可以为教师提供教学评估的影响的观察和评价的依据和方法,使教师能够更好地了解和利用教学评估的影响。

教师也要对收集和分析的教学评估的数据和结果的质量进行检查。首先,检查的重点内容是教学评估的数据和结果的质量,例如,是否完整、是否准确、是否有效、是否有价值等。这样可以为教师提供教学评估的数据和结果的质量的检测和评价的依据和方法,使教师能够更好地保证和提高教学评估的数据和结果的质量。其次,教师要检测自己对教学评估的数据和结果的利用,例如,是否及时、是否充分、是否合理、是否有效等。这样可以为教师提供教学评估的数据和结果的利用的检测和评价的依据和方法,使教师能够更好地获取和利用教学评估的数据和结果。最后,教师还要检测教学评估的数据和结果的作用,例如,是否对教学目标的达成有反馈、是否对教学内容的安排有优化、是否对教学方法的选择有创新、是否对教学过程的组织有改进、是否对教学评价的实施有推动等。这样可以为教师提供教学评估的数据和结果的作用的检测和评价的依据和方法,使教师能够更好地利用教学评估的数据和结果的作用。

11.5 基于个性化发展路径的建议

教学学术的个性化发展路径是一条基于教师的教学个性心理特征而提出的发展路径,它认为教师的教学学术提升是一个根据教师的个人特点和需求,为教师提供个性化的支持和指导的过程。如前所述,教师的教学个性心理特征包括教学风格、教学理念、教学目标、教学动机、教学信念、教学情感等方面,这些特征影响着教师的教学行为和效果,也决定着教师的教学需求和发展目标。因此,教师的教学学术提升应该从教师的教学个性心理特征出发,选择和实施适合自己的教学学术提升的方法,从而最大限度地发挥教师的潜能,促进教师的专业成长和教学水平的提升。

与其他的教学学术提升路径不同,个性化发展路径存在难以解决的困境。困境的核心表现是个性化发展路径不存在具有普适性和标准化的提升方法,这是由教师的教学个性心理特征的多样性和复杂性所决定的。基于个性化发展路径的教学学术提升的方法需要根据每名教师的个性特点和需求,进行定制化和差异化的选择、执行,以及检查和反馈。因此,没有一种方法适用于所有的教师,也没有一种方法可以保证对所有的教师都有效。

个性化发展路径的另一个困境在于测评工具的缺失。从个性化的角度提升教师的教学学术,首先要知道教师的个性特征如何,因为个性化发展路径是基于教师的教学个性心理特征而提出的。当前理论界并没有开发出能够测评教师教学个性心理特征的工具,虽然通过自我评估或者督导人员评估的方式可以初步了解教师在教学学术发展中的特征,然而,根据这些特征去制订个性化的教学学术提升的方案带有很强的主观性和模糊性。这种方式虽然在某种程度上可以促进教师在个性化发展路径上提升自己的教学学术水平,但是提升的结果在检测和反馈上存在着很大的不确定性。

教师的教学学术提升的方法不具备普适性和统一性,也不具备确定性和稳定性。这意味着教师不能简单地套用或者复制其他教师的方法,而是需要根据自己的实际情况,不断地探索和发现适合自己的方法。然而,这种探索和发现的过程,不仅需要教师有足够的时间和精力,还需要教师有足够的知识和能力,还需要教师有足够的支持和资源,这些都是教师在实际教学中难以保证和满足的。因此,教师在选择和实施个性化教学学术提升的方法时,往往会遇到各种困难和挑战,甚至会陷入困惑和迷茫。

虽然教学学术不存在普适和统一的方法,但并不意味着这种路径难以执行。

当教师决定通过个性化发展路径提高自己的教学学术时，只要遵循一定的原则，依然可以获得较好的提升效果。这些原则包括个性化原则、差异化原则、自主化原则等。个性化原则要求教师根据自己的教学个性心理特征，选择和实施适合自己的教学学术提升的方法，而不是盲目地跟随或者模仿他人的方法。差异化原则要求教师在选择和实施教学学术提升的方法时，要考虑到自己与其他教师的差异，比如教学背景、教学经验、教学水平、教学风格等的差异，从而选择和实施最适合自己的方法，而不是一味追求统一和标准化的方法。自主化原则要求教师在选择和实施教学学术提升的方法时，要有自主性和创造性，要有探索性和试验性，要有反馈性和评价性，要有持续性和发展性，而不是被动地接受或者执行他人的安排或者要求。遵循这些原则的意义在于，教师可以在个性化发展路径中找到适合自己的教学学术提升的方法，从而提高教学能力和教学研究水平。

参考文献

[1] 蔡怡. 论大学教师发展过程中的专业学术与教学学术[J]. 教师教育研究, 2018, 30(2): 27-31.

[2] 陈明, 欧阳光华. 从分裂走向联合:论教学学术何以生成——一个新的教学学术概念框架[J]. 江苏高教, 2023(3): 21-28.

[3] 陈时见, 韦俊. 论大学教学学术的双重属性[J]. 西南大学学报(社会科学版), 2020, 46(6): 101-106.

[4] 程广文. 教学学术的历史、逻辑及实践旨趣[J]. 湖北社会科学, 2020(9): 146-154.

[5] 杜利平. 教学:高校教师的首要学术责任[J]. 中国高教研究, 2008(1): 83-85.

[6] 杜瑞军. 从教学学术到教学实践:卓越教师基本特征探析[J]. 新疆师范大学学报(哲学社会科学版), 2014, 35(1): 119-126.

[7] 谷木荣. 高校青年教师教学学术能力发展的现实困境与实现路径[J]. 当代教育科学, 2018(11): 65-68.

[8] 侯定凯. 博耶报告 20 年:教学学术的制度化进程[J]. 复旦教育论坛, 2010, 8(6): 31-37.

[9] 胡建华. 教学学术研究:大学教师教学发展的高阶层次[J]. 江苏高教, 2023(1): 1-6.

[10] 霍秉坤, 徐慧璇, 黄显华. 大学教师教学学术的成长阶段及发展策略[J]. 清华大学教育研究, 2013, 34(4): 56-63.

[11] 蒋喜锋, 彭志武. 当教学成为学术——教学学术理论的深层意蕴及启示[J]. 江苏高教, 2011(1): 66-69.

[12] 李宝斌. 教学学术发展的阻滞与突破[J]. 高等教育研究, 2015, 36(6): 80-86.

[13] 李海霞. 论教学学术的学术逻辑[J]. 当代教育科学, 2020(2): 16-19,96.

[14] 李海霞, 蔡春. 教学学术到底是怎样的学术——论教学学术的核心、过程

及成果表征[J]. 上海教育科研, 2020(6): 5-9.
[15] 李志河. 高校教师教学学术水平评价模型建构研究[J]. 国家教育行政学院学报, 2019(11): 63-71.
[16] 李志河, 忻慧敏, 王孙禺, 等. 教学学术的学术本质及其发展路径[J]. 现代教育管理, 2020(6): 69-76.
[17] 李志河, 钟秉林, 秦一帆, 等. 高校教师教学学术水平的实证研究——基于我国内地40所高校教师样本[J]. 江苏高教, 2020(8): 35-42.
[18] 刘刚, 蔡辰梅, 刘娜. 大学教师教学学术能力的类型化特征及其比较分析[J]. 江苏高教, 2020(4): 22-29.
[19] 刘刚, 蔡辰梅, 庞玲. 教学学术:概念辨析及本质探究[J]. 高教探索, 2018(11): 46-51.
[20] 刘刚, 丁三青. 大学卓越教师教学学术核心能力的圈层结构及其特征[J]. 教育科学, 2020, 36(6): 53-60.
[21] 刘华东. 试论大学教学学术的内涵[J]. 中国高教研究, 2017(6): 26-29.
[22] 刘隽颖. "教学学术"研究体系的四维建构及其实践机制[J]. 江苏高教, 2019(1): 74-82.
[23] 刘怡, 李辉. 我国西北地区高校教师教学学术现状研究——基于38所高校的调查[J]. 中国高教研究, 2021(6): 78-83.
[24] 刘喆. 什么是大学教师"教学学术能力":内涵与发展路径[J]. 华东师范大学学报(教育科学版), 2022, 40(10): 54-64.
[25] 马立红, 刘永俊. 基于霍尔三维结构的大学教师教学学术制度保障研究[J]. 黑龙江高教研究, 2020, 38(11): 36-41.
[26] 时伟. 大学教学的学术性及其强化策略[J]. 高等教育研究, 2007(5): 71-75.
[27] 时伟. 大学教师专业发展模式探析——基于大学教学学术性的视角[J]. 教育研究, 2008(7): 81-84.
[28] 史静寰, 许甜, 李一飞. 我国高校教师教学学术现状研究——基于44所高校的调查分析[J]. 高等教育研究, 2011, 32(12): 52-66.
[29] 宋燕. 基于"四维度"的我国大学教学学术水平现状分析[J]. 现代教育管理, 2013(10): 79-83.
[30] 陶钧. 教学学术的知行失调:教学学术感知与教学学术行为的关系研究[J]. 黑龙江教育(理论与实践), 2021(5): 42-45.
[31] 王建华. 大学教师发展——"教学学术"的维度[J]. 现代大学教育, 2007

(2):1-5,110.
[32] 王晓瑜. 大学教师发展教学学术的若干理论问题探究[J]. 教师教育研究, 2009, 21(5):13-18.
[33] 吴绍芬. 大学"教学学术"内涵与路径求索[J]. 江苏高教, 2012(6):74-77.
[34] 熊华军, 魏星星. 基于教学学术的大学教学质量监控体系构建[J]. 教育科学, 2023, 39(4):76-82.
[35] 颜建勇, 黄珊. 大学教师教学学术与学科学术发展的逻辑一致性研究[J]. 现代大学教育, 2018(4):10-15.
[36] 原霞. 教师学习共同体:高校教师教学学术发展的一种新范式[J]. 福建师范大学学报(哲学社会科学版), 2012(1):156-161.
[37] 张其志. 从高等教育发展战略高度重视教学学术[J]. 高教探索, 2023(1):63-66.
[38] 赵炬明, 李蕾. 如何做好大学教学学术研究:一个案例分析[J]. 高等教育研究, 2021, 42(9):62-70.
[39] 周光礼, 马海泉. 教学学术能力:大学教师发展与评价的新框架[J]. 教育研究, 2013, 34(8):37-47.
[40] 周海涛, 于榕. 高校青年教师教学学术能力提升的瓶颈与路径[J]. 国家教育行政学院学报, 2022(5):79-85.
[41] 周群英, 刘晓雪. 教学学术发展与大学教师教学评价制度创新[J]. 当代教育科学, 2019(1):35-38.
[42] 朱炎军. 大学教学学术的理论审视:价值、困境与走向[J]. 高校教育管理, 2021, 15(1):107-116.
[43] 朱炎军. 学术界的"灰姑娘":国际教学学术的发展困境和变革图景[J]. 高等教育研究, 2022, 43(5):94-100.